CORRO
PORQUE CAMINAR
ME CANSA

SERGIO TURULL
@PITUFOLLOW

Deporte • Editorial Arcopress
Directora editorial: Isabel Blasco
Diseño y maquetación: Teresa Sánchez-Ocaña
Corrección ortotipográfica: Maika Cano
Fotografía de portada: Canofotosports
Fotografía de contraportada: Half Marathon des
Sables Fuerteventura

Imprime: Gráficas La Paz
ISBN: 978-84-17057-84-8
Depósito Legal: CO-342-2019
Hecho e impreso en España - *Made and printed in Spain*

*«La clave es convertir los deseos en objetivos
y los objetivos en sueños cumplidos»*

ÍNDICE

Este libro no está dividido en capítulos, está dividido en etapas porque todo largo viaje se divide en etapas. Y este es un viaje hacia el sueño de nuestras vidas: correr 121 kilómetros por una buena causa. Más de dieciséis horas corriendo dan para analizar mis comienzos en el running, recopilar claves y trucos que todo corredor debería saber, disfrutar de grandes dosis de motivación y superar muchos altibajos emocionales.

Átate las zapatillas que esta aventura está a punto de empezar.

CORRO PORQUE CAMINAR ME CANSA

Vivir con intensidad, huyendo de las rutinas y del conformismo. Esa es mi filosofía de vida. Corro porque caminar me cansa. Levantarse cada día con la misma ilusión con la que se levanta un niño el día de Reyes. Levantarse de la cama con ganas de moverse, de sentirse activo, de sentirse vivo.

Algo así como tener a un tío imaginario, tipo El Cobrador del Frac, que te persigue con un cartel bien grande que pone: «EL TIEMPO NO SE DETIENE Y LA VIDA PASA. VIVE, JODER, VIVE». Como llevar una pulsera que cada vez que entras en una rutina aburrida lo detecta y te suelta un calambrazo para despertarte. «No te duermas tío, que la vida pasa ante ti. Actúa».

Que la cara se te ilumine cada día al pensar en esa próxima aventura que ya tienes organizada. Y la gente te pregunte: «¿Qué?, ¿cuál es tu próximo reto?». Esa pregunta es el mayor halago que se puede recibir, ya que de alguna manera admiran tu intensa forma de vivir. O quizás solo piensen que estás loco, puede ser, pero lo que está claro es que son conscientes de que vives cada día como si fuera el último, y eso, permíteme que te diga, es lo mejor que puede haber en este mundo.

¿Recuerdas esos nervios previos a la actuación de final de curso? ¿O antes de la final de ese torneo de fútbol al que te apuntaste con los colegas? ¿O la noche anterior a tu primera carrera de 10 kilómetros? Una sensación diferente que no se vive cada día. Unos nervios que en el fondo te hacen sentir muy vivo.

¿Y recuerdas la enorme satisfacción que invadió tu cuerpo después de haberlo dado todo en esa actuación, en esa final del torneo o en esa primera 10k? Son recuerdos imborrables, porque ahí le diste intensidad a tu vida. Hiciste algo que se salía de tu rutina, y te gustó. Vaya que si te gustó. Ahora imagínate vivir eso cada mes, cada semana, cada día incluso. Vivir para que cuando llegue nuestro final, podamos sentarnos en una nube con un gran bol de palomitas y disfrutar de la película de nuestra vida proyectada en el cielo. «Siéntate a mi lado San Pedro, que el peliculón de hoy es de cinco estrellas».

CORRER 121 KM POR UNA BUENA CAUSA

13 de junio de 2015. Me encuentro sentado en una autocaravana, dirección Palamós, con parte del equipo de Imheart, un proyecto solidario que pretende dar visibilidad a la fibromialgia a través del deporte. Enfrente de mí está Raúl Santos, fundador de este bonito proyecto y al que tuve el placer de conocer a través de las redes sociales hace un año. El objetivo de esta asociación es hacer visible el paralelismo que hay entre los síntomas de un deportista tras un ejercicio intenso y un enfermo de fibromialgia, que son principalmente la fatiga y el dolor. ¿Recuerdas esa sensación de agotamiento después de tu primera carrera, partido o cualquier ejercicio en el que lo diste todo? Pues esa sensación de no poder con tu alma es la que sufren estos afectados cada día de su vida. Por ello nació este proyecto, pretendiendo dar visibilidad a esta enfermedad invisible.

Cuando tuve la oportunidad de conocerlo, y me contó que había un grupo de jóvenes que se estaba moviendo a través del deporte para hacer visible la enfermedad, no dudé en unirme. Muchos ven nuestro sufrimiento tras una prueba de ultrafondo y nos admiran por levantarnos y buscar nuevos retos. Nosotros admiramos a todos esos afectados de fibromialgia que se levantan día tras día porque, un día, la ruleta maldita de la vida les adjudicó esta enfermedad. Todo nuestro apoyo y cariño.

Como decía, nos encontramos camino del mayor reto de nuestras vidas, con esos nervios previos a cualquier evento importante. Para intentar apaciguar esos nervios reímos. Reímos mucho. Estamos recordando esa primera conversación entre Raúl y yo, y de la que surgió este reto.

S.—Raúl, tenemos que hacer un reto juntos, algo grande. Qué digo grande, ¡algo épico, memorable! Algo que implique a Imheart, que le dé la visibilidad que se merece y con lo que recaudemos fondos para la causa.

R.—¡Dios! Cuenta conmigo, ¿qué tienes pensado?

S.—No lo tengo claro, pero quiero que sea algo relacionado con el *running*.

R.—Sí, es lo que nos va, sufrir corriendo (risas). ¿Tienes alguna carrera en mente?

S.—No, pero no quiero carreras existentes. Quiero crear una prueba muy especial y organizarla contigo. Vamos a inventarnos un reto para la ocasión.

R.—Me gusta, suena bien. ¿Cuántos kilómetros quieres correr?

S.—Yo había pensado en algo grande... la cifra de los 100 km me pone bastante.

R.—Vas fuerte. ¿Y si buscamos una cifra más llamativa y significativa para el reto?

S.—¿Como 111?

R.—Sí, algo así. Y que tenga un significado.

S.—Lo tengo. ¿Qué te parece 121 kilómetros? 1 día, 2 personas, 1 causa.

R.—Me encanta, y como lema es cojonudo. Ahora... eso es una locura.

S.—Y nosotros estamos locos, Raúl.

R.—Eres un cabrón, pero lo peor es que tienes razón.

Así nació IMHEART121. Inevitable sonreír al recordarlo. Con motivo del reto sacamos a la venta unas pulseras solidarias de color naranja, con el objetivo de recaudar fondos y poder donarlos al final de esta aventura a la Asociación Catalana de Afectados y Afectadas de Fibromialgia y otros Síndromes de Sensibilización Central (ACAF).

Esa sería nuestra principal fuente de motivación. Ya solo nos quedaba definir el recorrido. No fue difícil. Ambos somos de Barcelona, amantes de la playa, del olor a mar, de la brisa que recorre tu cuerpo mientras corres por un paseo marítimo. Así que estaba claro, la meta estaría en Barcelona. Concretamente la meta estaría en una carrera de 10 km que se celebraría el mismo día que nuestro reto, a las 23:45 h en el puerto de Barcelona, lo que significaba que tendríamos un tiempo límite para completar los 121 kilómetros. Tendríamos que llegar antes de que empezase esa 10k. Más presión si cabe.

¿Y la salida? Fácil también. Cogemos el mapa y buscamos en la parte superior de la costa catalana un punto a 121 kilómetros. ¿El resultado? Palamós. Lo tenemos, en marcha.

En este viaje nos acompañan otros amigos que también son parte de la familia Imheart, y que van a acompañarnos en esta aventura para darnos todo el apoyo que vamos a necesitar, tanto a nivel logístico como a nivel moral. Como decía anteriormente, durante este reto nosotros vamos a ser como dos afectados de fibromialgia, que sufren dolor y cansancio, pero que gracias al apoyo de nuestra familia y conocidos, no habrá nada que nos detenga.

Llegamos al albergue en el que pasaremos la noche previa al reto. Bueno, ¡pasar la noche!... a las 2:00 a.m. sonarán los despertadores, y a las 4:30 a.m. empezaremos a correr. Tendremos un máximo de diecinueve horas para completar el recorrido.

Somos dos los que mañana vamos a intentar recorrer esos 121 km: Raúl y yo. Pero contamos con el apoyo de un equipo de *supporters* formado por amigos y familiares, entre los que se encuentra la madre de Raúl, Amalia, que sufre fibromialgia. Su presencia en este reto será el empujón definitivo para luchar hasta el final en este reto solidario. A todos ellos se sumarán decenas de personas conocidas y desconocidas que compartirán algún tramo de esos 121 km con nosotros.

Mientras Raúl y yo vamos cenando un plato de arroz con atún y soja, debatiendo quién de los dos está más nervioso y preguntándonos qué cojones hacemos aquí, el resto del equipo está dejando todo a punto para salir de madrugada a afrontar esta gran aventura. Revisión de las bicicletas, estado de la autocaravana, baterías de GPS, móviles y cámaras, preparación de avituallamientos, mudas de recambio, estudio de la ruta y puntos de encuentro...

Son las 23:00 h, se nos ha hecho un poco tarde, pero ya estamos en la cama. Perdón, litera. Doy vueltas. Pienso. Medito. Y miedito. Me pregunto qué será de mí en unas horas. Me pregunto también si realmente estoy preparado para algo tan bestia. Es fácil pronunciar 121, pero convertirlo en kilómetros y encima recorrerlos corriendo… acojona. Se me ponen de corbata. Oigo ronquidos, y miro. Busco al culpable, y lo encuentro. Es Raúl. Maldito oso perezoso, ¿cómo lo hace para dormirse tan rápido? Cierro los ojos. Los abro. Los cierro. Cojo el móvil. Lo dejo. Me destapo. Me tapo. Abren sin querer la puerta de la habitación. «Me cago en todo, me han despertado», dice Raúl en alto. Pasan treinta segundos y vuelvo a oír ronquidos. Y vuelve a ser él. Di que sí campeón. Ya es casi la 1:00 a.m., me duermo. 2:00 a.m., suena el despertador. Desearía que hoy fuera una de esas madrugadas en las que se cambia la hora y a las 3:00 son las 2:00 h, para dormir una hora más y dejar reposar más al cuerpo. Pero no es el caso. «¡Arriba señores, ha llegado el gran día!». Raúl ha dormido solo tres horas y yo he descansado una, pero mis ojos están ya como platos, como un búho que se ha hinchado a bebida energética. Doy un bote de la litera, sonrisa de oreja a oreja, y empezamos a prepararnos. Se notan los nervios en el ambiente, una tensión que es difícil de explicar. Todo el mundo está con esa incertidumbre de no saber si todo va a salir bien, pero todos lo intentamos disimular igual, a base de risas. Eso nos relaja y nos ayuda a mantener la mente ocupada en otras cosas. Recogemos todo y nos vamos a la autocaravana para desayunar, mientras algunos miembros del equipo aprovechan para apurar los últimos minutos de sueño antes de plantarle cara a este desafío.

NO ES UN DESAYUNO, ES UN RITUAL

Todo corredor tiene su propio ritual para la misma mañana de la carrera, con un desayuno que se repite prueba tras prueba. Ese desayuno que sabes que te funciona. Igual que sabes qué tipo de gasolina echar a tu coche, sabes qué tipo de alimento echar a tu cuerpo para rendir al máximo y que no te deje tirado a mitad de camino. Incluso si un día te falla la previsión y no puedes tomar tu desayuno pre-carrera habitual, tus sensaciones no son las mismas, te falta algo. Igual comes o bebes algo similar que también te va bien, pero no es lo mismo. Tú quieres TU desayuno. Si eres corredor, sabes de lo que hablo.

No tengo muy claro si a comer a las 3:00 a.m. se le puede llamar desayunar. En todo caso, mi desayuno de la suerte consiste en unas tostadas con mermelada y pavo, un plátano y un zumo de naranja. Hoy, por eso, me toca añadir también al desayuno un bidón de agua con polvos de carbohidratos, que es algo así como el plus de gasolina que se necesita para una prueba de ultrafondo como la de hoy.

Sentado frente al plato, untando mermelada y con la mente puesta en el reto. Evadido de todo lo que me rodea. Como si todos mis sentidos se desconectaran por un momento. Oigo, pero no escucho. Veo, pero no observo. Como, pero no saboreo. Y no hablo. Permanezco callado, visualizando cómo me gustaría que fuera la aventura de hoy y repasando mentalmente todo el *check-list* para verificar que no me estoy dejando nada. Mi tranquilidad se basa en tenerlo todo controlado. Lo que tenga que venir luego, vendrá, y cómo tenga que salir, saldrá.

No puedo evitar visualizarme llegando a meta, acompañado de toda mi gente en el puerto de Barcelona. Sigo fantaseando con esas imágenes hasta que termino el último bocado de la tostada y la última gota del zumo. El desayuno termina, pero no el ritual. Cojo el móvil, permanezco sentado y reviso mis redes sociales. Esto me ayuda a relajarme antes de salir al ruedo. Leo todos los mensajes de ánimo y apoyo que nos han dejado conocidos y desconocidos durante la noche. No son pocos. La gente, una vez más, está volcada con esta aventura y mis niveles de motivación están por las nubes. Mis piernas empiezan a moverse solas, poseídas por un nerviosismo que jamás había experimentado antes.

Para muchos hoy vamos a hacer algo que está fuera del alcance del resto de humanos, pero no es del todo cierto. Vamos a ver, sigo siendo Sergio Turull, el mismo que hace unos años en vez de *running* decía *footing*. Aquel que no se veía corriendo más de 10 kilómetros seguidos en la vida. A mí me hablabas de rodajes y series y yo solo pensaba en cine. Si me hablabas de *fartleks*, te pedía que me hablaras en castellano. Cuando escuchaba la palabra *upper,* pensaba en comida. Y si me hablabas de cuestas, te decía que para mí la peor era la de enero. ¡Ah!, y por supuesto, si me pedías vaselina, te ponía ojitos. Porque yo también tengo mi historia como *runner*... y te la voy a contar.

EL *RUNNING* ENGANCHA, SI TE DEJAS ENGANCHAR

El deporte siempre ha sido parte de mi vida. Desde bien pequeño mis padres me unieron a él, adquiriendo valores como el esfuerzo, la constancia y el sacrificio. Y se lo agradezco a ambos de corazón. El deporte es, sin duda, la mejor herramienta para prevenir enfermedades, desarrollar habilidades y socializar.

Si echamos un ojo a mi historial deportivo podemos encontrar de todo un poco. Con diez meses de vida ya estaba metido en una piscina. A los tres años aprendí a patinar y a los seis estaba en un equipo de *hockey* sobre patines. Con ocho años entré en un equipo de acrobacia, deporte que marcó mi vida y por el cual estuve a punto de dejarlo todo cuando con doce años me ofrecieron entrar en un Centro de Alto Rendimiento. Opción que finalmente desestimé por decisión propia, ya que no quería dedicarme en cuerpo y alma a ese deporte. Para mí era un simple *hobby* y así quería mantenerlo. A partir de ahí, practiqué infinitud de deportes, tanto individuales como en equipo. Fútbol sala, golf, ajedrez (ojo, que una partida de ajedrez desgasta más de lo que crees), vóley, esquí... una lista extensa de bonitas experiencias que marcaron mi infancia, niñez y adolescencia.

Siempre he amado el deporte. Soy una persona activa a la que le gusta competir, ya sea con gente o contra mí mismo. Allá por 2012 me encontraba en una situación de rutina, mi vida era monótona. Hacía deporte, eso es cierto. Solía ir al gimnasio, me cuidaba. Sentadilla, *press* de banca, *curl* de bíceps, tríceps con polea, abdominales, batido de proteína y vuelta a empezar. No practicaba otro deporte y notaba que me faltaba algo. Me costó tiempo averiguar qué era, pero lo descubrí. Necesitaba competición. Necesitaba recuperar esa chispa que da el competir. Echaba la mirada atrás y recordaba esos nervios que sentías en los días previos, esa adrenalina que te invadía durante la competición y esa satisfacción que sentías una vez terminabas. Quería recuperar eso, solo me faltaba encontrar en qué deporte Y no, el culturismo no era una opción en ese momento para mí.

Ese mismo año, volviendo de un viaje a Milán, conocí en la cola de embarque a un ultrafondista que venía de participar en una prueba de 100 kilómetros a pie. Por aquel entonces yo desconocía totalmente que existían este tipo de pruebas, así que podéis imaginar mi cara durante la conversación. «¿De verdad puede un ser humano aguantar eso?», me repetía por dentro durante todo el vuelo de vuelta.

La conversación con ese hombre me marcó. Hoy puedo incluso decir que me cambió la vida. Me hizo reflexionar sobre los límites del cuerpo humano, la capacidad de sufrimiento y la fuerza mental que todos tenemos dentro, pero que solo unos pocos se atreven a sacar. Empecé a preguntarme si yo podría ser uno de esos pocos. Mi motivación estaba disparada. Anteriormente, yo solía correr de vez en cuando alguna carrera popular de 5 o 10 kilómetros, sin mirar los tiempos ni pensar en marcas. Empezó a intrigarme el hecho de pensar si podría ser capaz de dar un paso más allá y sobrepasar la barrera de los 10 kilómetros.

Un buen día de mayo, volviendo del gimnasio, se cruzó por mi camino un cartel de la Media Maratón de Zaragoza. No recuerdo muy bien qué tipo de delirio sufrí aquel día, pero decidí inscribirme. Sí, sí, como lo oyes, cogí mi tarjeta de crédito y con mucha decisión y cero preparación le di a ese magnífico botón que dice INSCRÍBETE AQUÍ. Y no pienses que la carrera se celebraba dos o tres meses después, no, no. La carrera en cuestión se celebraba cinco días más tarde. Como lo oyes. Una acción que no recomiendo llevar a cabo bajo ningún concepto. Ya sabéis lo importante que es entrenar bien antes de cualquier prueba y hacerse un chequeo médico para no poner en peligro nuestra vida por una «carrerita». Si esto fuera un vídeo, ahora mismo aparecería por debajo un cartel con aquello de «No lo hagan en sus casas». Quiero destacar que yo tenía ya una buena forma física, aparte de una buena genética. Pero aun así, por favor, no os lancéis al vacío como hice yo, con un reto que se os queda grande.

Ese día asumí todos los riesgos y me inscribí, sin entrenar, sin saber bien de qué iba esto del *running*. Yo quería competición, quería reto, quería ponerme a prueba. Saber que el domingo tendría que correr una distancia que no había corrido jamás me ponía «muy palote», hablando claro. Estuve toda la semana excitado y nervioso, que supongo, era lo que venía buscando.

En el momento en el que vi aparecer mi nombre en el listado de inscritos se generó en mi cabeza un diálogo entre el demonio y el ángel que habitan en mi interior.

Ángel.—Vamos a ver, campeón, ¿qué haces apuntándote a una media maratón si jamás has corrido más de 10 kilómetros? Manda un correo a la organización y anula la inscripción, ten un poco de cabeza, por favor.

Diablo.—Ni caso Sergio, tienes una buena base. Venías buscando chispa de competición y la has encontrado. ¿Quién dijo miedo?

Ángel.—No seas inconsciente, no estás preparado. Lo único que te vas a llevar es sufrimiento y no lo vas a disfrutar. Recapacita.

Diablo.—Estás hecho un toro, tú puedes con lo que te echen. Cuando cruces esa línea de meta te habrá sabido a poco, hazme caso.

El diálogo continuó en esa tónica hasta el día del evento. Lo recuerdo como si fuera ayer. (Risas) (Más risas). Perdonadme, pero las pintas que llevaba ese día en la media maratón eran para verlas. (Muchas más risas) (Descojone absoluto). Os describo cómo iba aquí un servidor en su primera carrera «seria»:

— Una camiseta de gimnasio apretada con una cremallera delantera que cuando daba tres pasos seguidos se me subía hasta dejar al descubierto mi ombligo.

— Un pantalón corto que no era un pantalón, era un bañador. Era lo más «runner» que pude encontrar en mi armario.

— Dos calcetines en cada pie, ya que las zapatillas me iban grandes y pensé que así rellenaría el hueco que sobraba. Es bien sabido que los calcetines siempre han ayudado a rellenar (Guiño guiño).

— Unas zapatillas de correr de diez euros que no llevaban ni cordones, iban con velcro. Y que como he dicho anteriormente, no eran de mi número y me iban grandes.

Y como dicen que una imagen vale más que mil palabras, aquí la tenéis, en primicia:

Así que con estas pintas me planté en la línea de salida de mi primera media maratón. Con dos cojones. Me sentía como una lechuga en un florero. Totalmente desubicado. Dieron la salida y empecé a correr, más o menos me defendía. Los diez primeros kilómetros los tenía controlados, los había corrido anteriormente, así que todo iba bien. Sí, todo iba bien hasta llegar al kilómetro 14, que para mí ya era todo un logro. A día de hoy, a esas alturas ya me hubiera tomado una pastilla de sal y un gel, pero para aquel entonces el único gel que conocía era el de la ducha. En el kilómetro 14 las piernas me pesaban como si llevara piedras en los bolsillos. ¡Qué digo piedras! era como si llevara el Peñón de Gibraltar encima. Muy duro. Bajé el ritmo. Y pasó lo que tenía que pasar, lo inevitable, empecé a caminar. Una sensación de impotencia me invadía mientras iba viendo cómo el resto de corredores me adelantaba, siendo yo el único que andaba. Y así me encontraba, envidiando a todos esos *runners* que a pesar de llevar 18 kilómetros en ese momento, seguían corriendo. Los admiraba desde un lado de la calle, mientras seguía con mi agonía con la cabeza agachada.

Finalmente logré cruzar la línea de meta en 1h:50':57" y me abracé con mi padre, que me esperaba en la meta. Tras cinco minutos sin poder articular palabra, le dije: «Papá, mañana vamos a una tienda de *running* a comprarme una equipación y unas buenas zapatillas, quiero empezar a entrenar de verdad. Si todos ellos pueden, yo también. Te prometo que algún día voy a correr una media maratón de principio a fin, sin caminar».

Así lo hice y al día siguiente me planté en una tienda especializada en *running*. Vale, llegué a la tienda andando como un robot por culpa de las agujetas, pero llegué. Me dejé asesorar y en pocos minutos tenía en mi poder unas zapatillas tope de gama y una equipación de atletismo digna de un profesional. Me la probé y me miré al espejo. Me veía raro. Esos tirantes... ese pantalón tan corto... Confieso que incluso sentía algo de vergüenza. «Cómo voy a salir a correr así, si parezco de la élite y soy un mindundi», me decía a mí mismo.

Ahí nació Sergio «el runner». Empecé a entrenar casi cada día. Siempre con la misma equipación (tenía que amortizar la inversión). Y empecé a competir en carreras de 10 kilómetros, bajando tiempos, un mes tras otro. Hasta que llegó el día en el que decidí alargar el entreno un poco más de la cuenta. Un poquito más. Y un poquito más. Hasta que casi sin darme cuenta estaba metido en un plan de entrenamiento con seis sesiones semanales específico para la Maratón de Barcelona, mi primera maratón, que se celebraba nueves meses después de empezar a entrenar seriamente, como si de un embarazo se tratara. Fueron nueves meses cuidándome y sacrificando muchas cosas para que llegara el día de dar a luz, en este caso, correr 42.195 metros. Y lo hice, en 3h:34':22", y sin caminar un solo metro.

Porque el *running* es así, te engancha si te dejas enganchar. Si te consideras *runner*, ya sabes de lo que hablo. Si estás leyendo esto con cara de incredulidad, entiendo que no has corrido nunca o que saliste un par de días después de Navidad y lo dejaste por aburrimiento. En ese caso no te queda otra que creerme. Millones de personas que practican este deporte no pueden estar equivocadas. do de forma para fijarse un objetivo u otro— y apúntate. Sin miedo, inscríbete. Desde ese momento, habrás creado un compromiso contigo mismo, y ya no saldrás a correr por correr, saldrás a correr para preparar tu primera 5k o 10k. Las ganas, la motivación y la determinación con la que saldrás a correr será muy diferente, ya verás. De hecho, ya no saldrás a correr, saldrás a entrenar. Los *runners* no corren, entrenan. Un *runner* ya no sale a trotar pensando en quemar X calorías, o bajar X gramos de grasa. Un *runner* tiene la vista puesta en ese reto que tanto desea, y por el que va a luchar a capa y espada hasta el final. Porque cuando logras completar tu primer reto te das cuenta de que te has convertido en una persona capaz de conseguir todo lo que se proponga, una persona imparable ante la vida. El *running* te cambia la vida. Yo desde que dejé de correr por correr y empecé a entrenar, no he parado. El *running* me enganchó y yo me dejé enganchar. Soy adicto a correr y no quiero curarme.

ETAPA 1: KILÓMETRO 0 DE 121

Caminante, no hay camino, se hace camino al andar

Son las 4:00 a.m., el silencio y la oscuridad de la noche se ven interrumpidos por el motor y las luces de la autocaravana. Corredores y equipo de asistencia de Imheart estamos ya en Palamós ultimando los detalles de la salida. Últimos ajustes a las bicicletas de apoyo, revisión de material, colocación de las banderolas de salida y última ojeada al *track* de la ruta.

Todo está listo para dar comienzo a la aventura, pero antes, es momento de hacer piña. Hacemos un círculo todos los presentes, cogiéndonos por los hombros, fusionándonos en una sola alma. Una alma a la que José Molina, afectado de fibromialgia, pone voz: «Vamos equipo, corazón y cojones, nos esperan en Barcelona. Hoy el dolor lo elegimos nosotros y no nos va a frenar».

4:30 a.m., empieza el trayecto más emotivo de nuestras vidas. También probablemente el más duro. Pero en eso no pensamos, porque cuando hay tanta ilusión puesta en un objetivo, todo lo malo que pueda surgir en el camino es anecdótico. Es más, sin una dosis de dureza, ningún reto sería lo mismo. Lo suyo es luchar hasta el final, y cuanto más cuesta, más satisfacción obtienes al alcanzarlo.

Primera zancada, primer paso que pone a contar el reloj y a descontar el cuentakilómetros. Atrás queda el kilómetro 0 y en él se quedan todos los nervios, miedos e incertidumbres. Ahora solo queda fijar la mirada en el objetivo, en esos 121 kilómetros que nos separan de la meta. A mi lado va corriendo Raúl, mi compañero de fatigas durante este desafío. Por detrás nos acompañan en bicicleta nuestros amigos Isidro y Jordi. Y a nuestra izquierda, el mar. Aún es de noche, pero se puede intuir, escuchar y oler. Correr oliendo a mar, eso es un privilegio y un regalo para unos chicos de costa, como somos nosotros.

Llevamos solo 100 metros de esta primera etapa y estamos con la adrenalina por las nubes, como cuando tocas el suelo después de lanzarte en paracaídas, como cuando te llama tu pareja para decirte que os ha tocado la lotería o como cuando consigues embarcar en el avión en el último minuto, después de recorrer toda la terminal al *sprint*. Así nos encontramos, con ganas de mucha marcha. Porque cada reto es una fiesta a celebrar. Porque si estamos aquí haciendo esto significa que estamos vivos. ¿Acaso vivir no es un motivo por sí solo, de celebración? Estamos muy vivos, y también un poco locos. Pero nos encanta y lo exprimimos al máximo. ¡Maldito subidón que llevamos encima! ¡vamos para Barcelona! En medio de este entusiasmo colectivo, nos metemos en un camino oscuro de tierra. ¿Tierra? Ni de coña es por aquí, nos hemos perdido. Nos adentramos en la oscuridad y no se ve prácticamente nada. Ninguno llevamos frontal, así que disminuimos el ritmo y no dispersamos para buscar el camino correcto. Unos por aquí y otros por allí.

—¡HOSTIA! —grita Raúl unos metros por delante nuestro. Corremos hacia él y lo encontramos tendido en el suelo.

—¿Qué ha pasado tío? ¿Estás bien? —le pregunto muy preocupado.

—Me he tropezado con una piedra y me duele la punta del pie muchísimo —me contesta con gesto de dolor.

—No me jodas. Bueno, tranquilízate que seguro que no es nada —le digo mientras cruzo los dedos en la oscuridad para que así sea.

Nos tememos lo peor, y solo llevamos tres kilómetros. Por un momento desearía que fuera una broma más de las que nos tiene acostumbrado, pero su cara no es de fingir.

Le ayudamos a levantarse y medio cojo se pone a trotar para quitar hierro al asunto y no preocuparnos, pero el dolor se refleja en su rostro. Seguimos a ritmo suave y logramos retomar la carretera correcta. Bajo la luz de una farola paramos para valorar el golpe. A primera vista en la zapatilla no se aprecia nada, aunque él dice que nota el pie mojado. Al quitar la zapatilla se descubre el pastel. Un calcetín blanco convertido en rojo por culpa de la sangre. Y claro, en la zapatilla no se apreciaba nada porque son de color rojo, pero también están empapadas. Quitamos el calcetín y vemos que es el dedo gordo el que ha recibido el mayor golpe y está sangrando por la uña. Limpiamos con agua y dejamos que Raúl repose un poco.

Tras unos minutos de incertidumbre, parece que el problema no es grave. Por fin soltamos el aire que llevábamos rato aguantando por la tensión. Confieso que por un momento me había puesto en lo peor y visualizaba su abandono. Y por consiguiente, el mío. Porque este reto es en pareja y no sería capaz de continuar sin él. Fuera pensamientos negativos, todo queda en un susto. Mandamos mensajes al equipo que nos acompaña en autocaravana para que preparen en el próximo avituallamiento algo con lo que curar la herida de Raúl. Bueno, y también algo de chuches, que a los dos nos apetecen. Amanece. De día todo se ve diferente. Han tenido que pasar más de 10 kilómetros y un buen susto para que mi cabeza empiece a tomar conciencia de la magnitud del reto. Y es que van a ser muchos los factores que puedan entorpecer hoy nuestro camino, pero no debemos dejar que modifiquen nuestra trayectoria, aquella que nos llevará hasta la gloria. Es momento de blindar nuestra cabeza y focalizar el objetivo, recordando todo lo que dejamos atrás y todo lo que nos espera por delante. Hemos empezado con mal pie, literal, pero nos ha servido para despertarnos y estar con todos los sentidos en alerta, queda prohibido bajar la guardia ni un instante.

• Un viaje de 121 kilómetros empieza por un solo paso

Parecía ayer cuando pusimos el reto sobre la mesa y empezamos a trabajar en ello, tanto a nivel logístico como a nivel físico y mental. Porque todo reto, por difícil que parezca, empieza igual. Con un «quiero hacerlo, y lo voy a hacer». Esa frase es el punto de partida, es el botón que activa todos los mecanismos de nuestra cabeza y pone en marcha la maquinaria de nuestro cuerpo para alcanzar el objetivo.

Da igual si es una carrera de 5 km, una de 10 km, una maratón, un *trail*, un triatlón o una carrera de ultrafondo de 121 km que te acabas de inventar… todo reto es un viaje que empieza por un solo paso. Y no estoy hablando del primer paso que das cuando suena la bocina que da inicio a la prueba, no. El primer paso se da mucho antes. A veces semanas antes, a veces meses, a veces incluso, años. El primer paso se da cuando decides levantarte del sofá e ir a la cocina, donde cuelga ese calendario que te regalaron un día en un restaurante chino y al que nunca has hecho caso, y con un rotulador permanente lo bautizas con un título bien grande que dice: MI

NUEVA VIDA. Un calendario en el que no vienen marcados santos ni cumpleaños, vienen marcados sueños a cumplir. Sueños que vas alcanzando y que se celebran mejor que un cumpleaños. Podemos celebrar una vez al año que subimos una cifra en nuestra edad, y está muy bien. Pero celebrar que hemos cumplido un objetivo y que nos sentimos más vivos que nunca, eso es lo máximo. Además, si nos marcamos varios objetivos por año, las celebraciones y la satisfacción pasarán a ser compañeras habituales de viaje. A día de hoy, no podría estar afrontando los retos que me marco si aquel día en el que planteé correr mi primera media maratón, no me hubiera inscrito y lo hubiera dejado en un simple deseo. Porque esa es la clave, convertir los deseos en objetivos. Y los objetivos en sueños cumplidos.

Durante estos años que llevo corriendo y practicando triatlón me he encontrado con gente que se inicia en este mundillo con muchas ganas, pero que se encuentra con un obstáculo que les frena su avance. Es un miedo común, un miedo que les hace sentirse incapaces de alcanzar nuevas metas. Ese temor no es otro que el de correr con gente que no conocen. Situación que se produce en las carreras populares o en los entrenos de grupo. Compartir ejercicio con desconocidos es algo que les reprime en esa etapa de iniciación, y todo provocado por una voz crítica que solo ellos escuchan. Pensamientos que vienen a decir cosas como «voy a hacer el ridículo», «se van a reír de cómo corro», «van a tener que esperarme porque corro lento», «cuando llegue a meta ya se habrá ido hasta el *speaker*»...

Todo está en la cabeza. Nadie se va a reír de nadie. Los corredores están acostumbrados a ver a corredores de todos los niveles. Donde tú empiezas hemos empezamos todos alguna vez. Si tienes la oportunidad de asistir a un entreno grupal, ve. Te orientarán y conocerás a gente que te contagiará su pasión por este deporte. No tengas vergüenza alguna. En todos los entrenos de grupo hay distintos niveles y se adecúan las sesiones en función de estos. Harán varios grupos y te pondrán en el que te corresponda o se quedará alguien más experimentado a tu lado para que no te quedes solo. Los *runners* —quiero creer que todos— son generosos. Lo mismo en las carreras, siempre habrá gente que empiece como tú y el público no hará otra cosa que animarte. Una de las cosas con las que más disfruto en las carreras en las que participo es quedarme al terminar para ver llegar al resto de la gente, ver esas caras de felicidad. Admiro a todo el que decide levantarse del sofá para cruzar una línea de meta. Sea cual sea su objetivo, ganar o simplemente terminar. Si es tu primera 10k, tu primera maratón o tu décimo Ironman, te admiro. No dejes de luchar por tu reto, por duro que sea. Al final cruzarás la meta y todo habrá valido la pena.

Si, a pesar de todo, te resulta complicado encontrar el momento de afrontar una prueba en solitario, plantéate participar en alguna carrera por relevos o en equipo. Por ejemplo, una carrera de obstáculos. Será una grata experiencia que te ayudará a ganar confianza y seguridad en ti mismo. Pasa a la acción, autoconvéncete de que eres capaz, deja los miedos y los temores atrás y saca tus mejores armas: voluntad, compromiso, constancia, disciplina, esfuerzo, enfoque, seguridad, paciencia, pasión. Es hora de cambiar tu mentalidad por la de un ganador y tomar una decisión. Repite conmigo: SOY CAPAZ, Y VOY A HACERLO. Y ahora, actúa.

Yo no soy ningún superhombre, y ninguna de las personas a las que admiras por los grandes retos que cumplen lo son. Ellas también empezaron con un primer paso, como el que diste tú, y como el que di yo. Nadie se planta en un Ultraman de la noche a la mañana, todo el mundo tiene unos inicios, un primer paso para entrar en este mundo de los retos deportivos. Si eres de los que no ha dado aún ese primer paso, no te lo pienses más, empieza a poner objetivos en tu vida y notarás la diferencia. Comer una hamburguesa es placentero, pero echarle salsa hasta que rebose por los lados, es otro nivel de placer. Ponle salsa a tu vida y empieza a saborearla, sin miedo. Como dice el refrán: «Roma no se construyó en un día», o «No se ganó Zamora en una hora». Constancia y perseverancia son las claves del éxito. No desistir por muchos obstáculos que nos encontremos en el camino. Porque estos aparecerán, siempre aparecen complicaciones, pero de nosotros depende dejarnos vencer y dar marcha atrás o ponernos una cinta espartana en la cabeza y sortear todo obstáculo que se ponga por delante. Es momento de llenar nuestro calendario de retos, retos reales y accesibles con entreno y constancia. Prepárate para una nueva vida.

Yo jamás me hubiera imaginado con veintiséis años cruzando la meta de un triatlón de distancia Ironman (3,8 km nadando + 180 km ciclismo + 42,2 km corriendo), hasta que marqué en mi calendario del chino la fecha en la que quería hacerlo: «24 de octubre de 2015: MI PRIMER IRONMAN». Ese fue mi primer paso para ser Ironman, para convencerme de que iba a hacerlo por mucho que me impusiera el solo hecho de pensarlo. Desde ese primer paso partí hacia un camino de mucha constancia en los entrenos, combinando las tres disciplinas con sesiones de gimnasio y llegando en ocasiones a casa cuando ya solo dan la Teletienda en la tele. Los días se alargaban y la fecha del evento parecía que no se acercaba. Pero yo me encargaba de tachar día a día mi calendario para tomar consciencia de que el Ironman sí se acercaba. Con este desafío de los 121 km pasó lo mismo, con esa famosa conversación con Raúl se puso en marcha el objetivo. Nos llamaban locos, y con razón, porque lo estamos. Pero los dos locos están aquí, pasando ya el kilómetro 10 y demostrando a todo el mundo que los sueños están para ponerles fecha y cumplirlos.

ETAPA 2: KILÓMETRO 13 DE 121

Convierte los problemas en retos, no en obstáculos

Terminamos la primera etapa y llegamos al primero de los avituallamientos, donde nos esperan ya los compañeros de equipo, que rápidamente proceden a curar la herida del pie de Raúl. Momento que yo aprovecho para comer medio plátano e hidratarme un poco. Visualizo el tarro de chucherías abierto y me lanzo como un león a su presa. 13 kilómetros merecen una dulce recompensa. Cojo un puñado y se lo acerco a Raúl, que se ha cambiado los calcetines y ya tiene mejor cara después del susto. Aprovechamos la parada —y esto será la tónica de todos los avituallamientos— para hablar, compartir sensaciones y cómo no, echar unas risas. Son apenas cinco minutos los que dura este descanso, pero son suficientes para desconectar un poco y renovar fuerzas para ir a por la segunda etapa. Una segunda etapa que se prevé ya algo más dura que la primera, así que nos damos un abrazo con los compañeros para que nos transmitan su energía y partimos dirección Canet de Mar.

Los ánimos siguen intactos y el sol resalta el brillo de unos ojos llenos de ilusión. El sonido de las zapatillas y los pedales marcan los últimos metros del paseo marítimo de Sant Feliu de Guíxols. Apenas nos cruzamos con gente, y la poca con la que lo hacemos, nos mira extrañada. «¿Dos chicos jóvenes corriendo a esta hora? Algo malo habrán hecho o de algo huyen», eso parecen pensar. Abandonamos el pueblo para coger la carretera, prácticamente desierta, reservada para nosotros en un día tan especial. Tras pocos kilómetros, empiezan a aparecer los primeros metros de desnivel positivo y se dejan entrever las famosas curvas de la Costa Brava. Unas curvas que nada tienen que envidiar a las de Marilyn Monroe. La carretera empieza a subir ligeramente y se produce una mirada de complicidad entre Raúl y yo que habla por sí sola. Si tuviera que ponerle voz sería algo así como: «Vamos muchacho, a pelear con el asfalto».

Las zancadas no se detienen, cuatro piernas coordinadas al unísono luchando por una causa solidaria y detrás de ellas, un equipo humano que ofrece todo su corazón y apoyo para hacerlo posible.

Así es imposible rendirse, por mucho que el terreno se ponga cuesta arriba.

Avanzamos con una sonrisa permanente que Dani es capaz de captar con su cámara réflex, mientras corre a nuestro lado esta etapa. Eso sí que es un reportero diez. Llevamos relativamente pocos kilómetros y las cabezas aún están despejadas, las piernas frescas y las fuerzas intactas. Esto se traduce en risas, muchas risas. Si me preguntáis cuál es la parte del cuerpo que más me duele en este momento os diré que los abdominales de reírme. Porque cada reto, dentro de su dureza, debe ser una fiesta. La fiesta de la vida. Al final es eso, celebrar que estamos aquí, vivos y capaces de superar todo obstáculo que se nos interponga en el camino.

Nos adelanta la autocaravana donde van José al volante y, junto a él, Laura, Alicia y Amalia. Suena la bocina, suenan los gritos de ánimos por las ventanillas. Recogemos los ánimos y los guardamos en el corazón para sacarlos en los momentos de bajón, que llegarán. El vehículo continúa su camino hacia el segundo punto para montar el avituallamiento.

Nosotros seguimos trazando camino, camino que se hace cuesta arriba. Un error de estrategia a estas alturas del reto podría ser fatal, por ello hay que regular más que nunca el ritmo en la subida, para avanzar gastando el mínimo de energía posible y guardando la musculatura en un baúl bajo llave. De eso se encargan Isidro y Jordi, que no se separan de nosotros montados en sus respectivas bicicletas, marcando el ritmo de carrera, dándonos pautas sobre el recorrido y velando por nuestra seguridad. También son los encargados de llevar nuestros bidones para tenerlos a mano e ir hidratándonos constantemente, ya que poco a poco el sol va a ir apretando más y hay que recuperar los líquidos que nos vamos dejando en el camino.

Nos acercamos ya a la media maratón, rebajando kilómetros a esa cifra de 121, arañando metro a metro hasta dejarla, en este momento, en 100. Vamos muy bien. Nuestros rostros, nuestras sonrisas, nuestras miradas, hablan solas. Parece mentira que hace solo tres años, en 2012, corriendo 21 kilómetros acabara destrozado y arrastrándome por el suelo. En cambio, ahora mismo no hemos completado más que una sexta parte del recorrido final. Cómo cambia la vida y qué agradecido es el deporte.

• Define una estrategia de carrera que te lleve al éxito

Tener una estrategia bien detallada es vital para afrontar cualquier reto deportivo con garantías, y más aún cuando se trata de ultrafondo, donde hay que cuidar hasta el más mínimo detalle si no se quiere terminar echando por la borda tantos meses de preparación con un indeseado abandono. Tan importante es toda la preparación y alimentación previa a la prueba, como la estrategia que sigamos el día de la prueba. Esta va mucho más allá de únicamente definir un ritmo de carrera en base a la fisonomía del recorrido que vamos a afrontar. Eso nos sirve para carreras de corta distancia, donde establecemos en nuestra cabeza los ritmos que pensamos llevar desde la salida hasta la meta, aquellos puntos donde vamos a apretar y aquellos donde vamos a controlar. Lo que pase el día de la carrera nadie lo sabe, pero la idea previa la llevamos ahí, no vamos a la aventura, aunque yo reconozco haberme dejado llevar en ocasiones por las sensaciones del día de la prueba y saltarme la estrategia, con resultado positivo en unos casos y negativos en otros. Pero claro, hablamos de cortas distancias, donde si no sale bien la estrategia, perdemos el hacer una buena marca y, salvo casos excepcionales, poco más. En pruebas de resistencia, un error de estrategia puede tener consecuencias bastante más serias, incluso fatales. En una maratón, por ejemplo, ya hay que añadir el factor hidratación y nutrición, que hay que cumplir a rajatabla si se quiere llegar a meta «entero». Definir los kilómetros en los que vamos a tomar un gel energético, comer fruta o beber isotónico se convierte en algo esencial. A medida que aumentamos la distancia de nuestros retos, aumentan las horas de carrera y aumentan los detalles a tener en cuenta. Y ya no son solo los detalles del mismo día de la prueba, sino del día anterior o incluso semanas anteriores, según la magnitud del reto. Para estos casos en los que nos dé por realizar una carrera de ultrafondo, lo más recomendable es recurrir a profesionales que nos den las pautas a seguir.

Así lo hice yo, junto a Raúl. Recurrimos a un profesional con una amplia experiencia en el mundo del *running* y buenos conocimientos en ultrafondo. Como siempre, cada maestrillo tiene su librillo, así que lo que paso a exponeros es la estrategia elaborada para nosotros y para este reto de los 121 kilómetros corriendo, en base a nuestra trayectoria y tras conocer bien qué es lo que a ambos nos funciona. No voy a expresarme con tecnicismos ni voy a hablar de cosas raras, lo explico fácil, como lo entendí yo. Estos son algunos de los aspectos más importantes que tuvimos que tener en cuenta para esta aventura:

Material:

— Ropa cómoda, probada anteriormente durante entrenamientos para comprobar que no nos produce rozaduras ni molestias. Imaginaos la faena que sería correr diecinueve horas con algo incómodo. Ni pensarlo. Camiseta de tirantes transpirable y unas mallas compresivas. En mi caso también unas medias de compresión y unos calcetines técnicos para evitar ampollas. En la autocaravana dejamos preparada ropa de recambio y una chaqueta por si hiciera frío. Típica frase de madre: «Llévate una rebequita por si refresca».

— Zapatillas cómodas, con buena amortiguación. Probadas anteriormente en distancias largas, como maratón. También llevamos otro par de repuesto en la autocaravana, por lo que pudiera pasar.

— Una *headband* de Retos por la Fibromialgia para la cabeza, accesorio imprescindible en mi caso, para sujetar mi pelo. Un tupé que ni el mismísimo Elvis Presley. Además, así evito las molestas gotas de sudor recorriendo mi cara.

Nutrición semana previa al reto:

— La semana del reto tenemos que asegurar que nuestras reservas de glucógeno están al máximo. Aumentamos así la ingesta de carbohidratos, que van a ser la gasolina de nuestro motor. Sin olvidar de las proteínas. De este modo nos anticipamos a las necesidades que tendremos el día de la prueba a la que llegaremos con el depósito lleno. Eso sí, con cabeza y supervisados, ya que esta semana previa el volumen de entrenos es mucho más bajo y, por lo tanto, no podemos excedernos en las cantidades, a no ser que queramos realizar el reto rodando.

— Tan importante o más es la hidratación: llegar al evento bien hidratados. Yo especialmente, que soy muy propenso a sudar mucho. Por mi cara no caen gotas de sudor, chorrean cascadas. Así que los días previos intento cumplir con un mínimo de 2-3 litros de agua al día y añado alguna bebida isotónica.

— El día de antes añadimos a nuestra hidratación un bidón de agua mezclado con polvos de hidrato de carbono puro, para cargarnos de energía antes de la prueba. Este tipo de bebidas, que yo reconozco haber descubierto en la preparación de este reto, están diseñadas para usarse en deportes de resistencia o ultra-resistencia, ya que rellenan los depósitos de glucógeno más rápido y permanecen poco tiempo en el estómago, evitando malestar.

— La noche previa al reto, como te he contado al principio del libro «¿qué? ¿no has estado atento?», Raúl y yo cenamos un plato de pasta con soja, la mar de rico, acompañado por otro bidón de carbohidratos.

Nutrición el día del reto:

— El desayuno antes de una carrera de larga distancia siempre me gusta hacerlo unas tres horas antes. En este caso, como a las 4:30 h ya estamos corriendo y el ritmo será lento (un ritmo que permite hacer la digestión mientras corremos) con un par de horas antes será suficiente. Nada fuera de lo habitual en nuestros desayunos. Yo soy fan de las tostadas con pavo, mermelada de fresa o mantequilla de cacahuete, un plátano y zumo de naranja. Cómo no, volvemos a añadir otro bidón de agua con carbohidratos en polvo.

— Durante los 121 kilómetros hacemos varias paradas de avituallamiento, aproximadamente cada diez kilómetros, principalmente para comer sólido. Al ser una prueba de ultra-resistencia no vamos a alimentarnos a base de barritas y geles únicamente. De hecho, geles no vamos a tomar. Comeremos comida del día a día, como pueden ser mini bocadillos de aguacate con jamón serrano, sándwiches de Nocilla, dátiles, galletas, frutos secos o fruta. También algún capricho dulce como chocolate o chuches, que no falten las chuches. Al mediodía comeremos pasta, pero no en grandes cantidades, para evitar provocar un efecto de pesadez. La hidratación durante la carrera es continua, cada 10-15 minutos daremos unos sorbos de la mezcla de agua con carbohidratos. De esta forma iré bien hidratado en todo momento y con el depósito de energía lleno. Y bueno, algún sorbo de refresco de cola también caerá, que en pruebas de resistencia a mí me sienta fenomenal. ¡Cómo le va lo dulce al niño!

— Otro punto importante a tener en cuenta es la aportación de sales para evitar la deshidratación y los calambres. Estamos a mitad de junio y las temperaturas ya son elevadas, por lo que vamos a sudar de lo lindo. En deportes de larga duración (más de dos horas), las bebidas isotónicas no siempre son suficientes para reponer la pérdida de electrolitos provocada por la sudoración. Aquí debemos echar mano de las pastillas de sal; tomaremos una cápsula cada hora, aproximadamente.

Sin duda, la nutrición el día del reto es uno de los factores más importantes, sino el que más. Tomar carbohidratos líquidos o pastillas de sal no produce un subidón, como puede hacerlo un gel energético, pero nos mantiene «en línea» durante toda la carrera. Sería como ir montados en un tren de carga, que va lento y en llano, pero que es fiable y puede estar horas en movimiento hasta llegar a su destino. Y por el otro lado, el gel sería como ir dentro de la vagoneta de una montaña rusa, capaz de subir a lo más alto, pero rápidamente descender y llegar al final del trayecto. En este caso lo que nos interesa es ir en un tren de carga, que nos deje en la estación de Barcelona. Cuidaremos bien todos estos detalles porque cualquier despiste en la ingesta de líquidos o sólidos podría terminar con este bonito sueño, y no queremos eso, no.

Nutrición post-reto:
— Una vez finalizado el reto deberemos seguir preocupándonos por la nutrición. No vale eso de celebrar que has cruzado la meta y olvidarte ya de todo, que por otra parte es lo más normal debido a la euforia. Aquí hay que tener cabeza e hidratarse bien, un litro y medio por cada kilo de peso perdido aproximadamente. En nuestro caso dejaremos preparados unos batidos recuperadores para tomar nada más terminar. Es fundamental también, que aparte de beber en las dos horas posteriores a la prueba, tomemos carbohidratos y proteína, ya que las reservas de nutrientes de nuestro cuerpo están en números rojos y hay que hacer un ingreso inmediatamente, como si de la cuenta del banco a final de mes se tratara.

— El siguiente paso para una buena recuperación será tomar una cerveza bien fresquita. Qué no, es broma, eso vendrá luego, no seamos impacientes. Antes deberemos realizar unos buenos estiramientos, o pasar directamente por las manos de un fisioterapeuta, sin forzar tampoco mucho la musculatura para evitar roturas.

— Ahora sí, podemos premiarnos con una buena cena de equipo y brindar con unas cervecitas. ¡Qué viva el *running*!

Ritmo de carrera:
— Lento, muy lento. Serán más de quince horas corriendo, parte de ellas con desnivel positivo, por lo que el ritmo debe ser muy constante y tranquilo. Debe ser aquel que nos permita avanzar

gastando el mínimo de energía posible, el que nos permita mantener conversaciones fluidas, reír y comer. Pongamos en torno a una media de 6:30 min/km, sí, esa sería una buena media para nuestro estado de forma. Claro que de la teoría a la práctica... si el cuerpo dice basta y hay que caminar, se camina. El caso es avanzar, siempre hacia adelante.

ETAPA 3: KILÓMETRO 21 DE 121

La zona de confort es un lugar hermoso, pero nada crece allí

Media maratón al bolsillo, y para celebrarlo, parada de siete minutillos en el segundo avituallamiento. Me siento en una silla, mientras como un sándwich de nocilla y a Raúl le van curando de nuevo la herida del pie. Momento de relajarse un poco y charlar con el equipo. Cada uno va exponiendo cómo ha vivido la última etapa, las sensaciones que ha tenido y cómo afronta lo que queda por delante. Esto ayuda a que cada uno saque lo que lleva dentro y a hacer más piña, si cabe. Sin darnos cuenta ya han pasado los siete minutos y hay que volver a salir al ruedo. Todo el mundo arriba, abrazos y más abrazos, aplausos del equipo y vamos en busca de la tercera etapa, la más exigente del reto por su fisonomía.

Salimos con garra, con firmeza, ahora ya no vale salir a trotar hasta el próximo avituallamiento, es necesario estar concentrados en el asfalto y sacar nuestra mejor arma, la pulsera solidaria que llevamos todos los que estamos comprometidos con este reto #Imheart121. Basta con mirarla y sentirla en tu muñeca para venirte arriba y luchar por todos esos afectados de fibromialgia.

Seguimos nuestro camino por un pavimento que no deja de trazar curvas y elevarnos, como invitándonos a ir a un lugar desde el que poder divisar todo el camino que dejamos atrás y el que queda por delante. Si presto atención, puedo oír hasta una voz fina y con eco que viene de la montaña y dice: «No te detengas, valdrá la pena». Bueno, quizás esa voz es fruto de mi imaginación, que busca distraerse y evadirse de la dureza del trazado.

No nos detenemos, la carretera sube pero nos permite trotar a ritmo constante. Probablemente esta zona sea incluso más dura para nuestros compañeros que van en bici que para nosotros. Sí, creo que sí.

No hay momento para pensar en lo dura que se está haciendo la etapa. Cuando uno calla y agacha la cabeza, el resto salimos al rescate contando cualquier tontería que le haga salir de ese bucle de negatividad. En eso se basa el trabajo en equipo. Risas, muchas risas, y sonrisas. La carretera empieza a imponer y ante nuestros ojos coge el mayor desnivel visto hasta este punto del reto. Decido caminar esta subida y aprovecharla para comer un poco y beber tranquilamente. Conozco bien a mi cuerpo y ponerlo a correr semejante ascenso sería castigarlo sin sentido alguno. ¡Venga pequeñas! —hablo con mis piernas interiormente—, ya lo tenemos. Justo en este momento, cuando llevamos prácticamente todo este tramo de curvas sin cruzarnos con nadie y sin andar un metro, aparece el querido amigo Murphy, el de la ley esta que dice que si algo puede salir mal, saldrá mal, y pone en nuestro camino una «grupeta» de ciclistas que nos reconocen y nos dan ánimos.

—Ya es mala suerte, no hemos caminado ni un solo metro en todo el día, y cuando lo hacemos, ¡va y nos reconocen! Encima sin tiempo para reaccionar y simular un trote y una sonrisa, en plan: «Aquí, corriendo unos kilometrillos un domingo cualquiera».

—Nos han pillado pero bien —le digo sonriendo a Raúl.

—Estos se van a pensar que venimos caminando desde Palamós me dice Raúl.

(Risas)

Al final son este tipo de anécdotas y momentos los que aprovechamos para convertirlos en tema de conversación y sacar unas risas que amenicen el camino. Este larguísimo camino, que por fin parece tener preparada una sorpresa para nosotros. Esa voz que oía en mi imaginación no mentía, tanta entrega subiendo junto a esta montaña por fin parece tener recompensa, y es que ya se puede divisar un pequeño mirador en una de las curvas más próximas al mar. Nos acercamos a ella con un trote sereno y la mirada fija.

—WOW —exclamamos al unísono, tras divisar un precioso paisaje y unas vistas dignas de la mejor película romántica que pudiéramos imaginar. Acantilados, un mar que duerme plácidamente y mucho verde. Un paisaje que sabe a gloria después de tantos kilómetros luchando con la vista puesta en la carretera, un paisaje ganado a sudor que no hubiera sabido igual si lo hubiéramos descubierto en coche. Por fin hemos encontrado un gran motivo para alzar la mirada y dejar que brillen los ojos ante este regalo de la naturaleza. Tras unos segundos de *shock* observando todo lo que nos rodea en

360 grados, nos juntamos para sacarnos un *selfie* para el recuerdo, ese que enseñaremos a nuestros nietos mientras les explicamos esta batallita que un día se nos ocurrió montar. Llegó el momento. Todo lo que sube, baja. Tras más de 30 kilómetros corriendo —20 de ellos con curvas y acumulando desnivel— por fin la carretera nos da una pequeña tregua y empieza a bajar tímidamente. Las piernas lo agradecen. La cabeza también. Es la señal de que nos estamos acercando a Tossa de Mar, punto de parada antes de empezar la tercera etapa. Ahora mismo mi motivación es llegar ahí, mi cabeza ya está pensando en ese mini-descanso y en esos minutos sentado en una silla a la sombra, mientras me como un delicioso sándwich de mermelada y hablo con el resto del equipo. Eso es lo que mueve mis piernas con más fuerza ahora mismo, yo lo llamo el poder de las pequeñas recompensas. Después de pelear cada etapa a capa y espada, cuerpo y cabeza necesitan un pequeño premio para volver a recolocarse en su sitio y así poder afrontar la siguiente etapa con energías renovadas. Una parada en boxes en toda regla antes de volver a salir a la pista a todo gas.

• Divide tu objetivo en pequeñas metas con recompensas

Plantarse un sábado de madrugada vestido de *runner* y pretender recorrer 121 kilómetros del tirón —ya no digo corriendo, incluso caminando algunos tramos— sería una auténtica locura, sobre todo a nivel mental. Si nos ponemos frente a frente con un reto que nos resulte imponente, por muy preparados que estemos físicamente, lo más normal es que la cabeza se bloquee y nos diga algo como: «Ni de coña estás preparado/a para esto». Esto pasa porque cometemos el error de pensar en la totalidad del reto, nos imaginamos afrontándolo de principio a fin y es ahí cuando entramos en una espiral de pensamientos negativos y derrotistas.

Todo objetivo debe fraccionarse en partes. Partes que vistas individualmente nos resulten alcanzables. Me explico con el ejemplo de este reto de los 121 kilómetros y cómo actúa mi cabeza cuando decido afrontarlo: «Yo no he corrido nunca 121 kilómetros seguidos, por lo tanto, voy a empezar por fraccionarlo en varias partes.

Si lo divido en 11 etapas me salen 11 kilómetros en cada una, y 11 kilómetros sí que los he corrido muchas veces. Así que a partir de ahora solo pensaré de etapa en etapa. Saldré con la mentalidad de correr unos 11 kilómetros y el avituallamiento será la meta de esa etapa, donde podré descansar unos minutos y comer algo que me apetezca. Luego saldré a por otra etapa de 11 kilómetros, sabiendo que siempre me espera un premio en forma de descanso; y así iré engañando a la cabeza de tramo en tramo hasta completar la totalidad del recorrido».

Este es el método con el que mejor funciona mi cabeza y la de la gran mayoría de amigos ultrafondistas que tengo, y es que por mucho que nuestro cuerpo esté preparado para un desafío, manda la cabeza. Si esta dice que no eres capaz, olvídate de conseguirlo. El famoso poder de la mente. Si tenemos que abandonar un reto, que sea porque el físico nos pone limitaciones, pero no la cabeza. Por eso, para no fracasar en el intento, vamos a intentar engañarla haciéndole ver en todo momento que sí es capaz y vamos a recompensarla con pequeños premios. La cabeza también se entrena y es un factor importantísimo si queremos plantearnos objetivos exigentes. Una persona con una mente fuerte siempre llegará mucho más lejos, porque no tendrá miedo de intentarlo y convertir sus fracasos en aprendizajes.

Recuerda cuando cogías el libro de matemáticas del instituto a principio de curso y mirabas su grosor atemorizado. Pero si lo abrías veías que estaba dividido en varios temas que tendrías que estudiar de forma fraccionada durante todo el año, y eso ya te aliviaba. ¿Te imaginas llegar el primer día de clase y que el profesor te mandara estudiarte todo el libro porque en una semana te examina? La cabeza ya te dice de entrada que es una locura y se niega, salvo que seas un prodigio —no sería mi caso—. Eso debemos hacer, fraccionar el objetivo para no dejar que nos intimide. Hay que trocearlo como un *puzzle* de mil piezas. Un *puzzle* que montado ocupa la mesa entera, e impresiona, pero desmontado no es más que un montón de piezas que caben en una bolsa. Así que focalízate en tu *puzzle*, en tu reto. Trocéalo y, a partir de aquí, empieza a montarlo pieza a pieza.

Esto es aplicable no solo a carreras de larga distancia, sino también en la preparación de cualquier reto. Por ejemplo, plantearte correr una 10k este fin de semana cuando no has corrido en tu vida, es poco sensato. Por mucho que te animen tus amigos porque también se han inscrito o por mucho que vayan a regalar caldo en la bolsa del corredor, y seas un adicto al caldo.

Tu cabeza sabe que no estás preparado para correr 10 kilómetros y lo más probable es que termines la carrera mal y odiando el *running*. Así que fracciona el reto. Si quieres llegar a correr 10 kilómetros empieza por dividir el objetivo en un plan de entrenamiento de varias semanas. Semana a semana irás forzando un poco más al cuerpo y engañando a la cabeza para que corran unos metros más que la semana anterior. Utiliza todos los recursos que tengas a tu alcance para no ceder en el avance y en el progreso. Al empezar a correr el mayor enemigo es la pereza. No pienses en otra que no sea «me toca entrenar para la 10k, voy a vestirme y plantarme en la calle, no hay vuelta atrás». Si ves que la cabeza te falla y te empieza a costar más de la cuenta salir a entrenar, apúntate a un club o únete a algún grupo de corredores o amigos con los que establecer un compromiso para no fallar. Y recurre, como te decía anteriormente, a las pequeñas recompensas: caminar un par de minutos si llegas a un sitio concreto, correr hasta una fuente en la que poder parar a beber y tomar aire, llegar hasta un parque en el que poder sentarte un rato en el césped, trotar hasta un mirador en el que despejar la mente… Cada corredor debe encontrar qué premios le funcionan para motivarse a seguir adelante en sus entrenos. Ah, y por supuesto, no vale correr hasta un sitio de comida rápida con la motivación de tomarse como recompensa la hamburguesa más grande de la carta. Eso no vale. Seamos serios, aquí os dejo alguno de los trucos mentales que a mí me han funcionado para completar con éxito varios objetivos.

Correr mis primeros kilómetros

«¿Correr? Si me ahogo cuando tengo que correr porque se me escapa el bus… Mi estado de forma es muy limitado actualmente. Pero bueno, me lo he propuesto y voy a intentarlo. Salgo a la calle y empiezo a correr a un ritmo muy suave. Venga Sergio, intenta aguantarlo diez minutos. Dios, parece que no pase el tiempo. Va que ya casi lo tienes. Listo, diez minutos, genial, voy a andar un minuto como recompensa. No estoy tan mal, oye. Vamos a seguir otros diez minutos. Bien, bien, sigue. Creo que me veo capaz de seguir otros cinco minutos más del tirón. Sí señor, buen trabajo, voy a parar a beber en esa fuente. Le estoy cogiendo el gustillo y todo, voy a correr otros 5 minutos hasta esa tienda y aprovecho para mirar una cosa. No se me ha dado tan mal. Bueno, ahora toca volver a casa. Esto es más sencillo, solo hay que restar metros. Este ritmo es lento pero cómodo, me han adelantado dos señoras cogidas del brazo, pero al menos no dejo de trotar. ¡Mi casa! Ya lo tengo, mis primeros 5 kilómetros. Creo que ya empiezo a sentirme un poco *runner*...».

Correr mi primera maratón
«Qué hago yo aquí... si parecen todos profesionales. 42.195 metros son muchos metros. Céntrate Sergio, has entrenado tres meses a conciencia para debutar en la distancia de Filípides, el trabajo está bien hecho, solo tienes miedos en tu cabeza. Fuera miedos. Empieza la carrera, el objetivo es llegar al kilómetro 5 con un trote tranquilo, disfrutando del público que está aquí, animando hoy en Barcelona a los corredores. Tómatelo como una ruta turística de la ciudad, pero a pie. No vas solo, mira cuánta gente te acompaña corriendo a tu lado, vas bien arropado. Llego al kilómetro 5, mi primer objetivo, bebo un poco que me lo he ganado. Vamos a seguir a por el kilómetro 10, "pan chupado y disfrutando de las vistas. Es la fiesta del deporte. Mi próxima meta es la media maratón, para ello voy a tomarme un gel sobre el kilómetro 15, un pequeño premio que me dará un plus de energía. Sigo sumando metros recorridos al contador y llego a la media maratón. El 50% completado, ahora solo queda restar hasta meta. Ahora sí que ya lo tengo. Vamos Sergio, paso a paso hasta el kilómetro 30, hasta que llegue el famoso "muro". Aquel del que hablan todos los maratonianos, ese punto en el que parece que piernas y cabeza dicen «¡basta!». Voy preparado para ello, no me voy a sorprender cuando llegue ese momento. Avanzo. Kilómetro 32 y creo que acabo de chocarme con el muro a

toda velocidad y sin el cinturón de seguridad puesto porque me pesan las piernas como nunca me habían pesado. Encantado "muro", yo soy Sergio, el que hoy te va a derrumbar. Sigo adelante, me quedan solo 10 kilómetros hasta la meta. Sergio, ¿cuántas veces has corrido 10 kilómetros? Muchas. Aprieta los dientes y no pares, mira la gente cómo te anima. Tienes el sueño de ser maratoniano en la palma de tu mano, solo tienes que hacer que mande la cabeza para que las piernas obedezcan y avancen. Mira la meta, mírala. Levanta los brazos, sonríe, aunque por dentro llores de dolor, esta foto vas a guardarla toda tu vida. Enhorabuena, eres maratoniano».

Nadar mis primeros 5 kilómetros

«Qué fría está el agua de esta piscina, y eso que es climatizada, no quiero ni imaginarme cómo estaría si no lo fuera. Habría que ir esquivando icebergs mientras nadas. Vamos a lo que vamos. Voy a ponerme en este carril porque parece tranquilo. Dejo aquí mi bidón de isotónico y mi barrita multifrutas. Cronómetro en marcha y a nadar. Hoy quiero intentar llegar a 5.000 metros, sobrepasando de largo la distancia que se nada en un Ironman, que son 3.800 metros. Me pica la curiosidad de ver si sería capaz de nadarlo, aunque nunca he hecho más de 3.500 metros, y fue hace escasamente una semana. Vamos a hacer cálculos: si la piscina mide 25 metros —sí, sí, es de 25 metros— necesitarás hacer 200 largos —o mejor dicho, cortos— para completar los 5 kilómetros. ¿200? Uf, no quiero ni pensarlo. Divide el objetivo en cinco bloques de 1.000 metros, y tras cada bloque pararás un minutillo para beber, dar un mordisco a la barrita y despejar la cabeza. Ese será tu premio hoy, Sergio. Ya estoy nadando en busca de completar las primeras 40 piscinas, mi primer kilómetro. Solo llevo 15 piscinas y en mi cabeza está llegar a las 20 (500 metros), a partir de ese momento empiezo a restar los largos que me faltan para llegar a las 40. 19, 18, 17...3, 2, 1... primeros 1.000 metros y parada técnica merecida. Hidratación. Comida. Miro un poco a mi alrededor para distraerme y vuelvo a salir en busca de otras 40 piscinas. Primero, como siempre, sumando largos hasta llegar a los 500 metros y luego restando los que me faltan para llegar a los 1.000 metros. Esta dinámica la voy repitiendo hasta que llego a los 3.800 metros. Piel de gallina imaginándome completando este sector en mitad de un Ironman. Continúo y completo los 4.000 m. Descanso y encaro el último kilómetro. Después de 160 piscinas, ¿qué son 40 largos más? Nada. Y eso hago, nado. Completando mis primeros 5 kilómetros de natación con una sonrisa en la cara y ganando mucha confianza para afrontar nuevos retos, como travesías o triatlones».

Ser Finisher de mi primer triatlón distancia Ironman

«Hace años soñabas con ser Ironman, y mírate Sergio, con esa cara de niño inocente que no sabe dónde se ha metido. Listo para saltar al ruedo y afrontar esos 3,8 km de natación, 180 km de ciclismo y 42,2 km corriendo. Todo seguido, en menos de diecisiete horas. Acojona, sí, pero céntrate únicamente en todos esos meses de preparación con entrenos estrictos que llevas. Aquellos entrenos que sabías que si los hacías, llegarías más que preparado. No tienes nada que temer, porque hoy es tu día soñado y todo va a salir bien. Suena la bocina que da comienzo a la prueba, no tengo prisa alguna, no he venido a competir con nadie, solo contra mí mismo. Nado con comodidad, disfrutando de la sensación que me provoca pensar que dentro de unas horas seré un maldito Ironman. Probablemente están siendo los 3.800 metros de natación más cortos de mi vida. Llevo tanto tiempo preparando este reto que quiero saborearlo metro a metro. Salgo del agua y mi primera recompensa es ver la cara de mis acompañantes y recibir sus ánimos. Cojo aire en boxes mientras me cambio, las fuerzas siguen intactas. Cojo la bicicleta y afronto el sector que más me cuesta. No hay problema alguno, voy a mi ritmo. Mirando de lado a lado, disfrutando del paisaje y de las caras y bicicletas del resto de triatletas que me cruzo. Me fijo en mil y un detalles para mantener mi cabeza ocupada y no mirar el cuentakilómetros. Aprovecho los avituallamientos para coger las barritas que me gustan y cada hora saco de mi bolsillo una gominola como premio, que sabe a gloria. Los kilómetros avanzan y, cuando ya encaro los últimos, empiezo a pensar en la maratón que me espera. Repaso mentalmente todo lo que tengo que dejar y coger en *boxes*, pienso en la gente que está esperándome para verme correr, visualizo el momento de mi llegada... Busco todo tipo de distracciones para no darle importancia a la fatiga de mis piernas. Termino esos 180 kilómetros de ciclismo y salgo a disfrutar de lo que más me gusta, correr. Tres vueltas a un circuito de 14 kilómetros. La primera vuelta la afronto tranquilamente, el recorrido es nuevo para mí, eso me distrae. Paro unos segundos en cada avituallamiento para beber y comer algo, y también para oxigenar mi cabeza. En la segunda vuelta disfruto de los ánimos de mi gente y, sin darme cuenta, ya he superado la media maratón. Lo que me queda por correr se queda en nada cuando lo comparo con todo lo que he dejado atrás durante más de diez horas. Las piernas pesan, dejo que caminen cuando llego a los tramos de subida, para que respiren. Cabeza fuerte para correr los últimos kilómetros y ya no puedo dejar de pensar en la llegada. Sí, sí, sí. Piso la alfombra de meta con el brazo en alto, saludando a la grada y mirando el arco que me convierte en Ironman. Sonrisa radiante y ojos vidriosos. Sueño cumplido».

ETAPA 4: KILÓMETRO 34 DE 121

Si crees que puedes, ya estás a medio camino

Sentado, saboreando un delicioso sándwich de mermelada mientras escucho conversar a mis compañeros. El calor aprieta, vacío un bidón de agua por mi cabeza. Gotas que recorren mi cara refrescando la piel, y también los pensamientos. Necesito refrescar mi mente. Venimos de completar la etapa más dura, y a pesar de que el trayecto ha sido ameno y con unas vistas impagables, las curvas y el desnivel han hecho mella. Pero no es momento de relajarse, la etapa que viene a continuación es más corta pero no por ello más fácil. Son unos 10 kilómetros que se dividen en cinco de subida y cinco de bajada. También hay curvas, aunque ya no tan pronunciadas. No podéis imaginar las ganas que tengo de terminar esta cuarta etapa y dejar todo el desnivel atrás, mis piernas serán las primeras en agradecerlo.

Para afrontar este tramo contamos con la compañía de tres amigos más que se suman a compartir unos kilómetros con nosotros, poco a poco va cobrando más sentido el reto y el paralelismo con la fibromialgia: cuando más cansados estamos, más necesitamos la compañía y el apoyo de la gente. Verse arropado por otros corredores ayuda a avanzar con más seguridad, como si de una manada de lobos se tratara. Si soléis correr pruebas multitudinarias, sabréis de lo que hablo: esa sensación de que la marea te arrastra y tú solo tienes que dejarte llevar. También ayuda a hacer el camino más ameno. Aprovechamos para contarles la odisea que hemos vivido en estos primeros 35 kilómetros, mientras seguimos zancada a zancada escalando por esta carretera del infierno, ahora ya con más tráfico. Parece que la gente normal —lo nuestro no es normal— empieza a despertar y sale a disfrutar de su domingo particular. Más que nunca toca ir con veinte ojos para no despistarse e ir bien pegados al arcén.

Voy charlando con Raúl sobre esta primera maratón que estamos a punto de meternos al bolsillo, que será la primera de las tres que deberemos completar.

—No recuerdo haber hecho ninguna maratón de asfalto tan dura como esta —le digo.

—Ni yo tío, ni yo. Llevamos más de 1.000 metros de desnivel positivo acumulado.

—¡¿1.000 qué?!

—Lo que oyes.

—Tú esto lo sabías antes de empezar el reto, ¿verdad? Yo sabía que habría curvas y algo de desnivel, pero no imaginaba que tanto.

—Yo, digamos que me sabía la teoría. Pero la práctica está siendo mucho más dura.

—A mí me queman las piernas ya de tanto subir, bajar y dar curvas.

—A mí también, pero ya lo tenemos. Ahora empieza la bajada de 5 kilómetros que nos lleva hasta Lloret de Mar y ahí paramos a avituallarnos. A partir de ese momento todas las etapas serán llanas.

—¿Me lo juras?

—Te lo juro, toca apretar dientes en esta última subida y lo tenemos.

Un choque entre nuestras dos manos pone fin a la conversación. Rostros de concentración mientras recorremos los últimos metros de subida. Paso a paso, aquí no se para nadie. Llegamos al kilómetro 40, punto de inflexión en el que la carretera invita a relajarse. Un descenso progresivo que sabe a gloria, como cuando llevas todo el día de pie y pillas el sofá. Esa sensación. Bueno, exagero un poco, porque la bajada también hay que correrla. El descanso se hace esperar. Aquí es cuando envidio a Isidro y Jordi, que van en sus respectivas bicicletas. Los miro y me imagino la melodía de *Verano Azul* de fondo, ¡qué majos ellos!

Pensaba que nunca llegaría este momento, cuando ya son las 10:30 h y después de recorrer kilómetros y kilómetros de curvas viendo el mar bajo nuestros pies, por fin volvemos a verlo de frente en Lloret de Mar. Corremos hacia él, sorteando a extranjeros sin camiseta que nos miran con cara de no entender esta tradición de salir a correr un domingo. Nos acercamos al paseo marítimo, donde ya podemos divisar las banderolas que marcan el punto de encuentro con el equipo de asistencia y la gente que se ha acercado a vernos. Agarro la mano de Raúl y las alzamos para cerrar otra etapa más. Otra dura etapa más.

Ya van seis horas corriendo y 45 kilómetros recorridos, más de una maratón. Una maratón que nada tiene que envidiar a una de montaña. Pero aquí seguimos, con la misma sonrisa con la que salíamos de Palamós, aunque no con las mismas piernas. Por ello nuestro amigo José procede a darnos unas friegas con gel recuperador, mientras aprovechamos para comer algo. Tras la crema recuperadora viene la crema solar, otro punto a tener en cuenta ya que estamos casi en verano y el sol se ha convertido en un compañero más de viaje. Peligroso compañero.

La prueba del magnífico día que hace la tenemos girando un poco nuestra cabeza hacia la playa: centenares de personas tomando el sol relajados, ajenos a la locura que un grupo de deportistas solidarios están llevando hoy a cabo. Pero no les envidio, me quedo con mi domingo. Un domingo que marcará mi vida, un domingo que contaré a futuras generaciones, un domingo lleno de emociones gracias al deporte. Y no es un caso aislado, últimamente todos mis domingos están marcados por aventuras y retos deportivos que los hacen especiales. Atrás quedaron esos domingos de levantarse a la hora de comer con resaca de la noche anterior, buscando desesperadamente una botella de agua que me mantuviera hidratado mientras reposaba mi culo en el sofá. Ahora, la mayor actividad física de la semana la realizo casi siempre los domingos y no entra en mis planes pasarme el día de relax absoluto, excepto ocasiones contadas, en las que también apetece desmelenarse por la noche y disfrutar de una buena resaca en casa. Pero en líneas generales, mi cuerpo necesita chispa, generar endorfinas, sudar, sufrir y descansar en el sofá, también, pero en último lugar. El único problema de esto es que cuando te acostumbras a vivir así, ya no hay vuelta atrás.

• Los domingos son el orgasmo de la semana

Desde que me enganché a este deporte no he recibido de él más que felicidad y aprendizaje. El *running* ha pasado de ser una mera afición a ser una forma de entender la vida. Sensación de libertad, disciplina, bienestar. Todos empezamos saliendo a correr dos o tres días a la semana, luego pasan a ser cuatro, cinco, seis... y siempre con la cabeza puesta en un objetivo. Un objetivo que preparamos durante semanas a conciencia. Ese día llega, nos enfrentamos con más o menos miedos a la prueba y cruzamos la tan deseada meta que nos convierte en Finishers de nuestro particular reto. Ganadores de un desafío personal. Esa sensación solo la conoce el que la ha vivido. Cuando estás convencido de tus posibilidades y luchas por algo poniendo todo el corazón en ello, no queda otra opción que conseguirlo. La sensación de conseguir cumplir un sueño es indescriptible, y engancha. Vaya si engancha, si no que se lo pregunten a cualquier *runner* experimentado adicto a los dorsales.

Si estás preparando tu primera carrera o estás pensando en preparar una, seguramente te suene extraño todo lo que estoy contando, y eso me gusta. Significa que aún eres «virgen» en esto de los retos deportivos. Te espera un bonito camino ahora que has decidido romper esa virginidad deportiva y preparar tu primera prueba.

En este camino sentirás nervios e inseguridad, como la primera vez que ibas a acostarte con alguien en la cama, sin saber bien qué es lo que iba a suceder y cómo. Ese momento es mágico, único. Sí, creo que se puede establecer un paralelismo entre el sexo y el *running*.

Pongámonos en situación, es tu primera vez. Has estado semanas pensando en ello, en cómo será ese momento, cómo tendrás que hacerlo, qué sentirás. Has practicado y entrenado mucho en solitario, pero hacerlo en compañía es diferente, es mucho mejor. No es lo mismo intimar con uno mismo que con otra persona. No es lo mismo entrenar solo que correr junto a 1.000 personas, o 10.000. Puedes pedir consejos a tus amigos más experimentados o a tu entrenador, todo suma. Pero no olvides que todo lo que te puedan contar no es más que teoría, al final serás tú quien deba ponerlo todo en práctica en la cama, en el asfalto o donde toque.

A medida que se acerca el momento de la verdad la presión aumenta, ese sentimiento de no poder fallar. Es algo normal y no debes obsesionarte con el tema, mucho menos dejarte intimidar por la situación. Saca pecho y di: «Aquí estoy yo, cojones». Tu objetivo es disfrutar esa primera vez, poniendo en práctica todo lo que has aprendido y entrenado. Que no te importe otra cosa que no sea cruzar la meta, llegar al orgasmo, ya tendrás más ocasiones en el futuro para hacerlo mejor y superarte. Cuántas veces habré oído de la boca de corredores principiantes esa frase de «no sé para qué voy, si voy a quedar último», y yo siempre respondo lo mismo: «Serás tan aplaudido como el primero, por tener el valor de ponerte en la línea de salida. No habrás ganado a los cientos que han cruzado la meta por delante tuyo, pero sí has dejado atrás a miles —qué digo miles, millones— de personas que jamás se atreverían a intentar lo que tú has conseguido, así que siéntete orgulloso».

Por fin llega el gran día, el gran estreno. Tu misión no es otra que hacerlo lo mejor posible y llegar hasta el final intentando disfrutar del camino. Puedo adelantarte —y debes mentalizarte— que llegar hasta el final del acto puede llegar a ser algo doloroso y sufrido, más aun siendo la primera vez. No tengas prisas, no quieras dar más de lo que estás acostumbrado o intentar innovar, hoy no es el día. Hoy debes ir a lo seguro, hazlo como tú sabes, avanzando de forma fiable para tener un buen desenlace. A medida que vayas avanzando tendrás que apretar los dientes para seguir con la misma energía. Sentirás que la respiración se acelera, que el corazón quiere salir por la boca. No te asustes, todo forma parte del plan. Podrán asaltarte dudas en algún momento, y te preguntarás si estás haciéndolo bien. No pienses en ello, si no te has rendido es que todo va bien. Sigue avanzando, dejando que el sudor recorra tu piel, sin miedo a jadear en alto. Es tu momento, deléitate.

A medida que te acerques al final sentirás la fatiga, incluso puede que te tiemblen las piernas al visualizar el final. Céntrate en pensar que hoy es tu día y saca la mejor de tus sonrisas porque al final todo se verá recompensado con el mayor de los orgasmos: cruzar la meta. Exhausto, fatigado, destrozado. Vacío pero lleno. Lleno de placer, de satisfacción, de orgullo.

Y claro, cuando pruebas esto de las carreritas y te vas a casa con agujetas, pero con una sonrisa imborrable de recién corrido, quieres más. Y de camino a casa te encuentras a un amigo que te dice:

—Te veo muy contento, te brillan los ojos. Tú... tú vienes de...

—Vengo de correr.

—¿En la cama de quién? —te guiña el ojo.

—No, no, una carrera de 10 kilómetros.

—No te reconozco.

—Ni yo, deberías probar tú también.

—Deja, deja.

Y tú continúas tu camino a casa, feliz, pensando que eres un privilegiado por haber conocido y haberte enganchado a este magnífico deporte. Ya estás deseando volver a pasar un domingo como el que has dejado atrás. Un domingo de madrugón con ilusión, un domingo de dorsal, un domingo de ambiente deportivo, un domingo de reto, un domingo de colofón, un domingo de post-competición con una cervecita en la mano. En ese momento, los domingos no vuelven a ser lo mismo, dejan de ser ese día aburrido para pasarlo en casa y se acaba convirtiendo en el mejor día de la semana. El puñetero orgasmo de la semana.

ETAPA 5: KILÓMETRO 45 DE 121

No se brilla sin oscuridad

—Como no empecemos pronto a correr y nos alejemos de esta playa de Lloret de Mar voy a terminar pidiéndome un mojito en una de esas tumbonas —le digo a Raúl.

—Pues habrá que levantarse y empezar a correr, aunque no me parece mal plan —me contesta.

—Fantasear es gratis oye. Pero vamos a lo nuestro, próxima misión: llegar a Santa Susanna y completar la mitad de la prueba —le digo.

—¡Mueve ese culo pitufo! —me grita dándome una palmada en el glúteo.

Empieza la quinta etapa desde el paseo marítimo de este bonito pueblo. Tengo la sensación de que ahora empieza un nuevo reto, a pesar de llevar 45 duros kilómetros en las piernas. Como si me hubieran cambiado esa cabeza que llegaba hace diez minutos aquí cansada y fatigada, por una nueva cabeza fresca y renovada. Eso es bueno. Al final el objetivo de estas pequeñas paradas, aparte de comer algo tranquilamente y charlar con el resto del equipo, sirven para desconectar y dejar atrás todo el sufrimiento acumulado en cada etapa y así salir a por todas en la siguiente. Así me encuentro ahora, extra-motivado, mientras empezamos a recorrer los primeros metros de esta etapa. La culpa de ello seguramente la tenga el hecho de saber que ya nos hemos quitado todo el desnivel del reto de encima. Pensar que las etapas que quedan por delante van a ser completamente llanas supone un gran alivio.

Con tanto positivismo se me ha olvidado por completo que esta será la etapa más larga, unos 15 kilómetros del tirón. No pienso en ello, las piernas ya están en marcha y salimos de Lloret de Mar. En esta etapa se han sumado dos corredores y una ciclista que han venido a aportar su granito de arena al reto participando en la etapa. La verdad es que recibir a gente nueva dispuesta a acompañarnos unos kilómetros se agradece eternamente, sobre todo para que tiren de nosotros en los momentos de bajón.

Cogemos la carretera que nos llevará hasta la próxima parada, Santa Susanna. Una carretera repleta de coches, sin grandes alicientes en cuanto a paisajes, que a esta hora se dirigen a disfrutar de un bonito día de playa. Y es que el sol está pegando con mucha fuerza. Bidón que viene, bidón que va. Importantísimo ahora hidratarse constantemente y tomarse la pastilla de sal cada hora. Estoy sudando a mares. Llevamos pocos kilómetros en esta carretera y ya me está defraudando. Mantengo una conversación interior con ella.

—Perdona que te pise con esta cara de disgusto, pero es que esperaba más de ti.

—¿Qué esperabas de mí? Si no soy más que una triste carretera...

—Me explico, es que vengo de estar con una carretera amiga tuya que tiene unas curvas de escándalo y me ha dejado exhausto físicamente. Por eso estaba deseando conocerte, porque me habían contado que aquí encontraría mi momento de relax y recuperación.

—Y no te he gustado ¿verdad?, ¿es eso?

—Digamos que no esperaba encontrarme el polo opuesto... Eres demasiado monótona, con perdón, y me estás destrozando psicológicamente. Necesito un punto intermedio, ni blanco ni negro, un gris.

—Lo siento majo, a mí me hicieron así.

—No, si no eres tú, soy yo. Llevo demasiados kilómetros acumulados y todo me afecta. De todas formas, encantado de pasar esta próxima hora y media contigo.

Paso a paso avanzamos por esta carretera cuyo final es inapreciable. Los rayos de sol impactan en mi cabeza como si llovieran bolas de fuego. Puedo ver a lo lejos, en la carretera charcos de agua. No es más que un espejismo. Hace calor. Me cuesta mantener el ritmo que lleva Raúl y la gente que nos acompaña. Dejo que se distancien un poco y me quedo atrás. Necesito un momento de soledad, de pensar en mis cosas, de volver a automotivarme. No estoy en mi mejor momento y prefiero separarme unos metros para no contagiar mi estado al resto, aunque sé que como equipo ellos prefieren que me mantenga unido, aunque bajemos el ritmo. Pero no es más que un bajón momentáneo y soy consciente de ello. En cuanto lleguemos al próximo avituallamiento se me pasará. Estoy seguro.

Sigo avanzando con la cabeza agachada, con resignación, es lo que me toca hacer y punto. Cuesta levantar la pierna en cada paso. Jordi, desde su bicicleta, ve que me voy quedando atrás y acude a buscarme y a ponerse a mi lado para ver si necesito algo. Nos miramos. Mirada de agradecimiento, es lo único que puedo dar en este momento. No hablo. Solo corro. O lo intento. Los músculos empiezan a sufrir, nos acercamos a las doce del mediodía y la sudoración que llevo es máxima.

Cuando parece que no pueda haber nada que levante tu vista del suelo, recibimos una magnífica noticia de parte de nuestros ciclistas, que están en constante contacto con el equipo de asistencia. Resulta que en el próximo avituallamiento nos espera una camilla y dos fisioterapeutas que sin duda se van a convertir en nuestra salvación. Mis ojos se abren como platos y una sonrisa espontánea aparece en mi rostro.

De nuevo vuelvo a encontrar una recompensa que me hace seguir tirando y tirando cuando el cuerpo está en su momento más delicado. La cabeza vuelve a mandar; después de perder las riendas de la situación durante unos kilómetros vuelvo a ser jinete de mis piernas. Aumento un poco el ritmo para reengancharme con Raúl, después de unos kilómetros de soledad perdido en una espiral de negatividad.

Retomamos el paseo marítimo, ya en Santa Susanna. Dejamos atrás la detestable carretera que ha sido capaz de noquearme durante unos minutos y visualizamos ya la autocaravana y un numeroso grupo de gente que aplaude y festeja nuestra llegada. Le doy la mano a Raúl para llegar unidos y nos abrazamos con fuerza. Abrazos que hablan solos. Abrazos que compartimos con el resto del equipo y con los amigos que se han acercado a animar. Abrazos con sentimiento, esos son los mejores.

• La soledad del corredor

Durante el transcurso de este reto de los 121 kilómetros corriendo, son varias las ocasiones en las que me he distanciado de mis acompañantes, buscando un momento de soledad, de desconexión, de reflexión, de hablar con uno mismo. Lo mismo le ha sucedido a Raúl, mi fiel compañero. Y es que si algo bueno tiene el *running*, es ese espacio de libertad que te da para pensar en mil y una cosas, y reflexionar. Reflexiones que quizás en tu día a día no puedes realizar, o simplemente no surgen, quizás porque estás metido en una rutina constante que ya has aceptado como parte de tu vida: «Madrugo y desayuno con los ojos aún medio cerrados. Medio *zombie* salgo de casa para ir a trabajar cuatro horas. Como deprisa mientras repaso las redes sociales. Siesta. Café y vuelvo a salir a trabajar cuatro horas más. Llego agotado a casa. Tareas domésticas. Cena, sofá, tele y a dormir. Mañana será otro día».

Y metido en ese bucle rutinario, tu cabeza es incapaz de encontrar su momento de meditación del día. A mí me sucedía. Pero cuando haces un hueco en tu rutina para el *running*, todo esto cambia. Normalmente, cuando alguien sale a correr solo por primera vez, lo primero que le llama la atención es esa sensación interna de soledad que va acompañada por una lluvia de pensamientos constante durante todo el ejercicio. De repente encuentras solución al problema que te ha llevado estresado todo el día, o se te ocurre una genial idea de cómo sorprender el fin de semana a tu pareja, o retomas la idea de continuar con un proyecto que habías abandonado, o te haces una lista mental de las cien cosas que quieres hacer antes de morir. Son solo algunos ejemplos de reflexiones que se pueden llegar a tener mientras trotas tranquilamente, solo, por las calles de tu ciudad o por los caminos de tu pueblo, y que si no fuera por el *running*, quizás nunca hubieses tenido.

He recalcado lo de «correr solo y tranquilamente» porque el concepto *running* es muy amplio. Digo «correr solo» porque los entrenos en grupo son estupendos para mejorar nuestro rendimiento y para socializar con otros corredores, pero lo que ganas por un lado, lo pierdes por otro. Si vas acompañado es más complicado encontrar ese momento de introspección, aunque no imposible. Sin ir más lejos, yo lo he hecho en este reto, distanciándome a veces de mis compañeros para pensar en mis cosas.

Y digo «correr tranquilamente» porque si estamos solos, pero corremos dándolo todo —véase haciendo unas series, unos cambios de ritmo o unas cuestas al *sprint*—, la cabeza únicamente se va a centrar en el ejercicio. Estará ocupada procurando no dar una mala zancada, analizando las pulsaciones, los ritmos de carrera o contabilizando los metros de agonía que faltan para terminar. O empezarás a fantasear con la jarra de cerveza que te vas a tomar como *recovery* al finalizar.

En ejercicios de alta intensidad es muy difícil abstraerse y pensar en otra cosa que no sea la carrera, ya que requieren toda nuestra concentración para dar el cien por cien. De ahí mi pasión por el ultrafondo, porque me ofrece horas y horas de reflexión. Me brinda la oportunidad de descubrir nuevas formas de ver lo que me rodea, lo que me preocupa, lo que me estresa, lo que me fascina. Nuevos puntos de vista para ver la vida desde distintos ángulos.

Claro está que cuando empezamos a plantearnos objetivos más ambiciosos, como hacer marca personal en una 10k, en una maratón o en un *ultratrail*, es muy recomendable -por no decir imprescindible- introducir sesiones de intensidad en la planificación de nuestros entrenamientos. El famoso y temido día de series. Y por supuesto, sin olvidarnos de introducir jornadas de descanso. El descanso también es parte esencial del entreno. Bueno, y que tampoco vamos a pasarnos todos los entrenos meditando, no vaya a ser que al final arreglemos el mundo.

ETAPA 6: KILÓMETRO 60 DE 121

Sé fuerte, nunca sabes a quién estás inspirando

Mitad del recorrido hecho y pausa merecida en Santa Susanna. Nos sentamos a la sombra y refrescamos nuestras cabezas. Agua, por favor. Estamos los dos un poco mareados y aturdidos por el calor. Descompuestos por los azotes de los rayos de sol. Dani, que capta cada instante con su cámara réflex, me enfoca mientras graba y desde el alma le digo: «Esta ha sido la más dura tío. Muy dura, muy dura. Me ha dejado KO., tengo la pierna izquierda que tiene que resucitar». A pesar de que el recorrido, comparado con las etapas anteriores, era fácil, una carretera recta y llana, se ha hecho eterna y pesada. La combinación de fatiga muscular, calor sofocante y una carretera sin final, ha sido demoledora. Pero ya pasó, ahora toca relajarse unos minutos e ingerir un poco de pasta. Pasta con soja. Cómo me gusta... combustible para el cuerpo, por favor.

Termino de comer, poco a poco me voy recomponiendo y empiezo a volver en mí. Se me ha olvidado por completo que nos estaban esperando dos fisioterapeutas, hasta que veo la camilla enfrente de mí. Una camilla que resplandece ante mis ojos como si se tratara de un tesoro recién encontrado o una aparición divina. El caso es que automáticamente me levanto de la silla y corro hasta la camilla. Bueno, troto. Vale, ando. Ando hasta la camilla y me dejo caer boca abajo, como cuando después de un día agotador llegas a tu cama que no te quedan fuerzas ni para ponerte el pijama. Pues más o menos así. Una vez tumbado desconecto de todo y dejo mis piernas en manos de nuestra amiga Meri. Lloro. Lloro por dentro de dolor, pero no me quejo. En el fondo sé que es necesario sufrir estos minutos para recuperar un poco la musculatura y poder continuar. Pero no voy a hacerme el hombretón, reconozco que el masaje está siendo más doloroso que golpearte el dedo meñique con el canto de una mesa; como jode eso, por cierto. Pido mi móvil para que me hagan una foto mientras recibo el masaje y pongo la mejor de mis sonrisas. Que parezca que no duele. Como si no llevara 60 kilómetros encima. Una foto que va directa a Instagram, para agradecer todo el apoyo que estamos recibiendo.

Mientras el equipo de asistencia revisa la ruta hasta el próximo avituallamiento, los que vamos a correr y los que van a pedalear nos disponemos ya a salir. Con una sonrisa generalizada, pues a partir de ahora todas las etapas serán llanas e iremos pegados a la costa, volviendo a oler el mar y viendo por fin a gente, aunque vayan a darnos envidia cada vez que pasemos por delante de un chiringuito.

Arrancamos el trote que nos llevará hasta el próximo avituallamiento, en Sant Pol de Mar. Son 10 kilómetros, solo 10 kilómetros; me autoconvenzo de la accesibilidad de la etapa. Se unen a nuestra carrera a pie nuevos corredores. Esto no para. Llevamos ocho horas corriendo y tenemos un margen de once horas más para llegar a Barcelona. La cosa va bien. Cuesta arriba por la fatiga, pero bien.

El Paseo Marítimo marca nuestro camino. También las vías del tren que recorre la costa, el olor a sardina de los chiringuitos, los gritos de los niños que juegan en la playa y la gente que nos anima en el trayecto con un «vamos, que Barcelona os espera». El sol se hace cargante. Podrías irte a dormir un rato, majo -me dirijo a él mentalmente.

Vamos restando metros a esta sexta etapa con una agradable noticia: mis piernas parecen estar resucitando. Empiezan a manifestarse los efectos del masaje. Unas buenas sensaciones que comparto con Raúl y celebramos con un brindis de bidones, el brindis de los *runners*. La etapa se está haciendo bastante amena, el ambiente playero nos distrae bastante y los 10 kilómetros no suponen una gran dificultad a pesar de los ligeros repechos del final de la etapa.

El GPS marca los 70 kilómetros y entramos ya en Sant Pol de Mar, dirigiéndonos al punto de encuentro. Los gritos de «Grande equipazo, una menos, vamos, vamos» nos guían hasta el avituallamiento. Cumplimos como en cada etapa con el ritual de abrazos entre toda la gente que está aquí reunida. Muchas caras desconocidas que solo por el hecho de haberse acercado a apoyar, pasan a ser conocidas. Son detalles que uno no olvida y que se agradecen eternamente. Gente que decide solidarizarse con un reto como este para dar visibilidad a una enfermedad que en la mayoría de los casos no les toca de cerca. Me sorprende muy gratamente. Pero mayor es mi sorpresa cuando cojo el móvil para revisar los comentarios que la gente nos está dejando por las redes sociales y veo que estoy etiquetado en una cuenta de *runners* de Madrid. Abro la publicación y me encuentro una foto de un nutrido grupo de unos treinta corredores que se han reunido en la capital para solidarizarse con este reto y correr 12,1 kilómetros. Piel de gallina. Enseño el móvil al resto del equipo que observan asombrados el alcance que está teniendo nuestro evento. Puedo ver la felicidad que esto provoca en la cara de José y Amalia —afectados de fibromialgia—, y eso recompensa todo el dolor de piernas que podamos tener. Me entretengo unos segundos leyendo más mensajes que llegan desde todas partes de España y el extranjero a través de las redes sociales. Benditas redes sociales.

• Las redes sociales: compañeras de viaje

Trending topic, influencer, app, *timeline, like, hashtag*, suscribirse, *follow*, perfil, *selfie, blogge*r, *vlogger, community manager*, mención, etiqueta, *retweet*... Seguramente hayas leído esta encadenación de palabras como el que lee la lista de la compra. Ya estamos familiarizados con este nuevo vocabulario y forma parte de nuestro día a día. Las redes sociales se han convertido en una compañera más de viaje. Llegaron a mi vida por el 2008, aproximadamente, cuando decidí abrirme un Fotolog, que para los que no lo llegasteis a conocer vendría a ser algo así como el Instagram de la época, pero con muchas más restricciones ya que esto de las redes no había hecho más que empezar. Ahí publicaba una foto semanal, acompañada por un texto filosófico de cosecha propia —que no tenía desperdicio— y que iba destinado a las poco más de cincuenta personas que me leían (ojo, que para aquel entonces me parecían muchas).

A finales de ese mismo año el monstruo Facebook llamó a mi puerta y sufrí un flechazo a primera vista. Desbancó a Fotolog. Con Facebook empezó a crearse esa necesidad de abrirlo al menos una vez al día para ver lo que mis amigos habían hecho en sus interesantes vidas, unirme a unos cuantos grupos idiotas como «Yo también soy campeón de fitness, pero de fitness de semana» o «Señoras con la bolsa en la cabeza cuando llueve», publicar estados que solo yo entendía y felicitar a gente que gracias Facebook descubrías que cumplían años. Bueno, esto sigue pasando a día de hoy. Las redes sociales empezaban a formar parte de mi vida, pero su uso era en un círculo bastante cerrado: amigos y conocidos de la vida real.

Esto cambió radicalmente cuando descubrí Twitter. Concretamente el día 15 de septiembre de 2011, ese día nació @pitufollow. El origen de este nombre viene de la increíble fusión —nótese la ironía— de la palabra «pitufo» (mi primera foto de avatar fue un pitufo gruñón) y la palabra *follow*, que tan de moda estaba entonces. Empecé a seguir a cuentas de personas anónimas cuyas publicaciones giraban siempre en torno al humor. Risas. Muchas risas. Empecé a cogerle el gustillo y cada vez entraba con más asiduidad para leer las tonterías que eran capaces de generar unos cuantos cachondos de la vida. Inevitablemente acabé contagiándome y saqué a relucir mi perfil humorístico, dando rienda suelta a mis ocurrencias. Varias al día. Gustaban. Divertían. Se compartían. Esas cuentas que yo seguía y leía a diario, acabaron convirtiéndose también en seguidores de la mía. Mis *tweets* salían publicados en conocidas páginas de humor y la repercusión de mis chistes inventados aumentaba, llegando a salir alguno en programas de televisión de entretenimiento. También aumentaba por consiguiente el número de seguidores y la interacción con ellos. Aunque siempre era como algo frío, no ponía cara a la gran mayoría de gente que me escribía y mucho menos sabía nada de sus vidas. De hecho, en esos inicios nadie sabía quién se encontraba detrás de la cuenta de Pitufollow. Todo quedaba en un juego en el muro de Twitter.

Cuando me enganché por completo al *running* —en 2012— empecé a interesarme por nuevas cuentas relacionadas con el mundillo, hasta que mis intereses en Twitter terminaron siendo una combinación de humor y *running*. Llegó el momento de quitarse la careta de pitufo y mostrar al chico de veintidós años que se encontraba al otro lado de la pantalla. Fue entonces cuando empecé a hacer contactos reales con gente que también corría, llegando a quedar en persona e, incluso, estableciendo amistad. Aunque seguían siendo casos muy aislados.

A finales de ese 2012 entró por la puerta grande de mi vida el señor Instagram. La red social que cambiaría mi vida. Por fin una red social en la que poder encontrar gente con mis mismas aficiones, en cualquier lugar del mundo, de manera rápida, ponerles cara, poder comunicarme con ellas, compartir nuestras vivencias y aprender diariamente gracias a sus publicaciones desinteresadas. Mis publicaciones en Instagram tuvieron una buena acogida desde el minuto uno, en parte gracias a esa cartera de seguidores que ya tenía en Twitter. Poco a poco ambas cuentas empezaron a crecer de la mano. Pitufollow empezaba a dejar de ser un simple nombre de usuario para convertirse en una marca personal de Sergio Turull. Marca que empecé a consolidar al tiempo con la creación de un blog en 2013, la apertura de mi canal de YouTube en 2014 y la inauguración de mi página de Facebook en 2015.

Pero volvamos a Instagram, mi red social favorita por cercanía con los seguidores. En ella empezó, como decía antes, un cambio en mi vida tanto a nivel personal como laboral. En lo personal empecé a conocer a gente fascinante con un perfil similar al mío, amantes del deporte y de los retos deportivos. A día de hoy sigo conociendo gente constantemente, bien porque intercambiamos palabras a través de internet o bien porque coincidimos en alguna carrera, entreno o paseando por un centro comercial. Es maravilloso ver la cantidad de personas que he tenido la oportunidad de conocer gracias a las redes sociales en estos últimos años.

Sin ir más lejos, gracias a Instagram pude conocer a las excelentes personas que me acompañan hoy en estos 121 kilómetros corriendo. Cuando tuve oportunidad de conocerlas en persona se empezó a forjar una amistad que a día de hoy ha hecho que seamos como una familia, en la que todos estamos por todos para que a ninguno le falte de nada, ni material ni sentimental. Me estoy poniendo muy tierno, aviso. Y no es para menos.

En lo laboral, aquello que yo hacía —y sigo haciendo— como *hobby*, que no es más que compartir mi pasión por el deporte e intentar motivar y animar a la gente a que se cuide, terminaría levantando también la curiosidad de las marcas. Empezaron a llegarme al correo personal las primeras propuestas de colaboración. Empresas que me ofrecían sus productos a cambio de que yo los probara y diera mi opinión en redes. Así empecé siendo *tester* de zapatillas de *running*, para posteriormente analizarlas en mi blog. Al poco tiempo, una marca de renombre decidió convertirme en su embajador. ¿A mí? ¿en serio? Por primera vez oía el término *influencer*, aunque yo prefiero llamarlo «creador de contenido». Un perfil que empezaba a ser muy solicitado por las marcas y que sigue siéndolo, ya que la inversión que tienen que hacer es mínima comparada con los beneficios que pueden obtener a través de sus publicaciones. Un nuevo canal de comunicación, más real y más cercano. Una nueva forma de marketing que ya está más que asentada. Al principio, estas colaboraciones eran a cambio de producto sin coste, algo muy informal entre la marca y el *influencer*, pero con el tiempo, las campañas se fueron profesionalizando, en gran medida gracias a las agencias de comunicación, y se empezaron a firmar contratos y a cobrar por cada acción publicitaria. Aquí cada creador de contenido fijaba su propia tarifa.

Yo he vivido todo este proceso de profesionalización y a día de hoy me sigue sorprendiendo. Por supuesto, yo lo he aprovechado para colaborar con grandes marcas que encajan con mi perfil, cuyos productos me resultan útiles y que a la vez creo que pueden interesar a la gente que me sigue. Y así, como una bola de nieve que empieza a girar y girar cuesta abajo, haciéndose cada vez más grande, empezaron a suceder cosas maravillosas que continúan a día de hoy. He podido realizar viajes de ensueño, acudir invitado a importantes eventos y carreras, participar en medios de comunicación para fomentar la práctica del deporte, probar nuevos productos en primicia y tachar cosas como «saltar en paracaídas» o «montar en helicóptero» de mi lista de cosas que hacer antes de morir.

Supongo que ahora entendéis un poco más porque digo que las redes sociales cambiaron para bien mi vida. Poder conocer a gente fantástica y vivir experiencias únicas. ¿Qué más puedo pedir? Si no fuera por las redes sociales probablemente no hubiera tenido oportunidad de conocer el proyecto solidario Imheart, ni a la gente que lo compone. Difícilmente estaríamos hoy corriendo juntos por la fibromialgia, con el apoyo de tanta gente, con importantes marcas apoyando el reto y con medios de comunicación haciendo difusión. Yo vuelvo a decirlo: benditas redes sociales.

ETAPA 7: KILÓMETRO 70 DE 121

Haz de pequeños momentos grandes recuerdos

Son las 14:30 h y el cuerpo pide alimento. La pasta para un *runner* es como las espinacas para Popeye o la poción mágica para Asterix. Sentados a la sombra, abrimos los tápers de macarrones con tomate que el día anterior preparó el equipo. Un manjar que con 70 kilómetros en las piernas sabe a gloria. Debe ser una sensación muy parecida a la de estar náufrago en una isla durante tres meses y que aparezca un repartidor de *pizza* con una zódiac por la orilla. Ojos en blanco y a saborear cada bocado. Estas pausas las aprovecha Dani para inmortalizarlas con su cámara y preguntarnos cuáles son nuestras sensaciones:

—¿Cómo vais, mozos?

—A veces me dan blancotes. Me vienen, me van, me vienen, me van. Pero vamos manteniendo el ritmo y ya está —responde Raúl con la boca llena y los labios embadurnados de tomate.

—A mí el masaje me ha dejado como nuevo. Esta etapa la he aguantado muy bien —contesto yo, sin dejar de mirar el táper mientras pincho mi próximo bocado de macarrones.

—¿Cómo te estás poniendo, no? —bromea Dani con Isidro, mientras este devora su comida.

—Buf, cómo está esto socio —le balbucea Isidro sin dejar de comer.

—Ayer decías «voy a perder peso, voy a estar muchas horas subido en la bici» —le responde Dani.

—Sí, sí… —hace una pausa sin dejar de mirar a la cámara. —Los cojones.

—Jajajaja —risas generalizadas.

Físicamente estoy bastante más recuperado que en las últimas dos etapas, pero la fatiga sigue siendo evidente. Por suerte ahora nos espera la etapa más corta del reto, «solo» 7 kilómetros que nos llevarán hasta Arenys de Mar. Ponemos las piernas en movimiento y reanudamos el trayecto de nuestras vidas.

—Tengo las piernas como dos rocas, los cuádriceps están muy cargados —nos dice Jordi desde su bici.

—Lleváis más de diez horas pedaleando, lo raro es que solo te duelan las piernas. Deberías tener el culo rojo como un mandril, o como la bandera de Japón —le contesto para poner un poco de humor al asunto.

—No, si eso es tema aparte, no me voy a poder sentar en cuatro días.

—Ahora en serio, coge de mi bolsa de pastillas de sal una y tómatela. Hace mucho calor y vosotros también deberíais hidrataros bien para recuperar sales.

—Voy a probar, nunca he tomado una.

Los pobres ciclistas que llevan a nuestro lado desde las 4:30 a.m. cuidándonos, transportando nuestros bidones, comida y toda la suplementación, han estado tan centrados en que no nos falte de nada que han descuidado en ciertos momentos su propia hidratación. El calor sigue siendo intenso y aquí nadie se libra de sudar la gota gorda. Esa deshidratación, sumada a la fatiga, es la culpable de los calambres que empiezan a asomar en las piernas de Jordi.

Mi cabeza vuelve a estar en su sitio, firme, preparada para afrontar los últimos 50 kilómetros del reto. De nuevo he vuelto al cachondeo, a las risas con la gente que nos acompaña. Aventurarse a participar en una prueba de ultrafondo es como subirse a la vagoneta de una montaña rusa emocional, donde nunca sabes cómo vas a estar en los próximos diez minutos, en el próximo kilómetro o en la próxima curva. Lo mismo el cuerpo te pide gritar de euforia, que te pide bajarte para vomitarlo todo. Echo la vista atrás y recuerdo lo que he tenido que padecer en las curvas de Tossa, o lo que he sufrido en la carretera de Blanes a pleno sol. Parece mentira que, ahora, después de un buen puñado de kilómetros, me encuentre mejor, sobre todo anímicamente.

Pasan los kilómetros, a la altura de Canet de Mar retomamos el paseo marítimo. Las piernas parecen ser atraídas por el magnetismo de la playa. Como si las piernas fueran el polo negativo y el mar el positivo. Una atracción que invita a pararse y tomarse un baño relajante. Pero no es momento, toca cambiar el polo negativo por el positivo, repeler ese magnetismo y continuar a por nuestra siguiente meta.

—Ahora entiendo porque parece que no os canséis —dice Jordi.

—Jaja, ¿por qué? —le pregunto.

—Esto de las pastillas de sal es la polla, me acaba de dar la vida. Podría hacerme una etapa del Tour de Francia ahora mismo, si quisiera.

—Todo es mérito de las pastillas de sal. Entrenar está sobrevalorado... —dice Raúl en tono jocoso.

—Este calor no es normal, se me van a derretir las suelas de las zapatillas. Todo el mundo a beber, que la deshidratación nos acecha —me dirijo a la gente que nos acompaña.

Entramos en la zona del puerto de Arenys de Mar, la séptima etapa está llegando a su fin. Me sitúo junto a Raúl.

—No hay huevos a hacer un *sprint* en los últimos metros —le reto en voz baja.

Cómo bien sabréis, si hay algún mecanismo capaz de incitar a una persona a hacer algo inusual, es la frase «no hay huevos». Por culpa de esta frase se ha visto a gente yendo a comprar el pan desnudos, gente bañándose en un río helado en diciembre o gente haciendo *puenting* disfrazados de plátano. Menudo poderío el de estas tres palabras. Y como no podía ser de otra forma, Raúl acepta la propuesta.

—Jaja venga —me contesta sonriendo.

—No digas nada a nadie, que sea de sorpresa —le digo.

—Se van a quedar flipando estos —se ríe.

—Estos y toda esa gente que está ahí esperando, míralos —me río.

Últimos 100 metros y elevo el ritmo de mis piernas lanzando un *sprint,* como si del final de una etapa ciclista se tratara. De reojo veo que rápidamente se suma Raúl, dejando al resto con cara de estupefacción y sin tiempo de reacción. Ha valido la pena solo por ver los rostros de asombro entre la gente que espera en Arenys de Mar, y que nos ve llegar con una inmensa sonrisa y unas sorprendentes zancadas tras 77 kilómetros corriendo. Culminamos el sprint con un salto final y puño al aire, que pone fin a otro trecho del recorrido.

Una pequeña broma que hemos querido gastar al resto del equipo para quitar un poco de tensión a la prueba. Arrancamos los aplausos de la gente y nos abrazamos mientras se nos escapa una sonrisa pícara. Tengo que decir que mis piernas han agradecido este pequeño cambio de ritmo tras más de diez horas a ritmo de crucero.

Ahora toca reponer fuerzas, recompensar al cuerpo y a la cabeza por el trabajo bien hecho. De nuevo volvemos a encontrar la mesa montada con variedad de comida y bebida y unas sillas estratégicamente situadas en la sombra de la autocaravana. Todo cuidado al detalle por un equipo que, más que equipo, es una familia. Una familia a la que se suma gente que quiere colaborar con la causa. Mientras bebo un poco para refrescar el alma tengo el placer de charlar un rato con una mujer que se ha acercado con su marido y su hija a animarnos. Los tres lucen con orgullo la pulsera del reto. Ella es afectada de fibromialgia, y sus palabras de agradecimiento llegan a lo más profundo de mis entrañas.

—Que chicos tan jóvenes seáis capaces de crear un movimiento de gente sana y deportista para dar visibilidad a una enfermedad como esta, dice mucho de vosotros. Sois un gran apoyo y una motivación para levantarme día a día, os sigo por las redes sociales —dice con el tono más sincero que se pueda emitir.

—Y nuestra motivación para seguir haciendo retos como este sois vosotros, los auténticos héroes, por ser capaces de levantaros cuando el agotamiento se apodera de vuestro cuerpo —le digo con el mismo tono.

—No dejéis de hacer lo que hacéis —me dice.

—Si nos prometes que no dejarás de levantarte cada día —le contesto.

—Prometido —me responde con una sonrisa.

• ¿Incapaz yo? Mis cojones

Estas conversaciones son las que te llenan como persona, las que te dan lecciones que se recuerdan hasta entrar en la caja de pino. Hasta el final de nuestros días. Golpe de realidad en la cara. Nos quejamos muchas veces por gusto. Estamos cabizbajos porque hemos discutido con la pareja, porque no nos han cogido en un trabajo o porque ha perdido nuestro equipo. Y eso tiene que cambiar. Basta de convertir en dramas las cosas que tienen solución, y que si no la tienen, no merece la pena preocuparse más por ellas. No hagamos de nuestra corta existencia una tragedia constante, cuando no lo es. Estamos vivos y sanos, eso debería ser motivo más que suficiente para sonreír y celebrar cada día de nuestra vida, a pesar de los golpes que nos demos por el camino. Una tirita emocional y a seguir adelante. Maldita mala suerte la de aquellos que les tocó sufrir una enfermedad sin haber querido jugar a esa jodida lotería, sin tener en sus manos la opción de esquivar ese golpe. Y encima son ellos los que menos se quejan, los que viven con más optimismo que tú, y los que te dan la lección de tu puta vida con su actitud guerrera. ¿En serio vale la pena seguir quejándose por cosas insignificantes? ¿Y si mañana esa oscura lotería nos toca a nosotros? Crucemos dedos para que no sea así. Disfrutemos de la vida, esta pasa demasiado deprisa y no da segundas oportunidades. Lo tomas o lo tomas.

Y de eso va este capítulo, de seguir hacia adelante pase lo que pase. De mantener una actitud ganadora y positiva ante las adversidades. De no dejar pasar las oportunidades de hacer grandes cosas y de hacer de nuestra vida un gran peliculón que disfrutaremos viendo desde el otro mundo. Porque yo soy de esos, de los que si tengo la oportunidad de hacer algo que me inspira, lo hago. O lo intento. Porque si tengo las capacidades para hacerlo, ¿por qué no intentarlo? Aunque resulte ser el fracaso de mi vida estaré ganando, siempre ganaré un aprendizaje que me permitirá corregir los errores en un futuro y crear una mejor versión de mí mismo para volver a intentarlo. Como dice la frase del novelista H.G. Wells: «Si te caíste ayer, levántate hoy». Una frase que nuestros compañeros han plasmado en un cartel gigante y luce en este avituallamiento para recordarnos que lamentarse durante horas, días o semanas es perder horas, días o semanas de una vida que no tiene el botón de rebobinar. Todo se acaba superando, así que mejor hacerlo cuanto antes. Cabeza dura y para adelante. ¿Me oyes? Para adelante.

Quizás correr doce horas en su día sin haber corrido nunca más de cuatro horas seguidas fuera una locura, y más si las doce horas eran metido en una pista de atletismo (nunca había pisado una). Pero tuve la oportunidad de cometer esa locura en una conocida prueba de Barcelona, en diciembre de 2014, y salió bien. Salí reforzado como persona. Fue mi primera experiencia en ultrafondo, justo seis meses antes de afrontar este reto de 121 kilómetros. Aquel día me sorprendí a mí mismo, cuando vi que era capaz de aguantar doce horas dando vueltas de 400 metros. Sin duda fue un ejercicio mental, un reto que exige tener un control absoluto sobre la cabeza y saber gestionar bien las crisis para no rendirse. Si no tiré la toalla durante esas horas que estuve metido en el infierno, cómo voy a tirarla cuando no me salga bien un trabajo, una relación o un flan casero —no sabéis lo mal que se me dan—. Si tiras la toalla, que sea porque ya está empapada de sudor y tienes otra a mano para continuar.

Nuestro cuerpo y nuestra cabeza están preparados para aguantar mucho más de lo que nos creemos, porque ahí está la clave, en creer. Creer en uno mismo. Verse capaz. ¿Capaz de qué? De todo lo que nos propongamos. De lo que queramos hacer, de lo que nos haga sentirnos vivos, de lo que nos apetezca hacer a riesgo de que nos llamen locos. Qué bonito adjetivo el de loco si ser loco es salirse de las rutinas y dejar de hacer lo que haría una persona «normal». Me encanta que me llamen loco. Y por loco no me refiero a imprudente. Siempre hay que ser consciente de nuestras capacidades y conocer los riesgos que puede conllevar tirar adelante con esa locura que tenemos en mente. Si te has preparado para algo o te ves capaz de prepararlo a fin de conseguirlo, pon la sexta marcha y que nada te frene. Si te llaman loco, sonríe y da las gracias. Si te dicen que no vas a conseguirlo, diles que si no lo intentas seguro que no. En muchas ocasiones, cuando alguien te dice que no vas a conseguirlo es porque él no ha tenido el valor de intentarlo, aunque en el fondo lo desea. No te dejes contagiar por comentarios sin fundamentos. Quién confíe en tus posibilidades te dirá que adelante. Quién de verdad te aprecie y crea que no vas a conseguirlo te dará sus explicaciones, las razonará para intentar abrirte los ojos y luego dejará en tus manos la última decisión.

Si hubiera hecho caso de los comentarios tóxicos que me llegaban cuando hice pública mi participación en un Ironman, jamás me hubiera presentado. «No vas a conseguirlo», «no estás preparado», «no entrenas correctamente», «eres demasiado joven», entre otras. Por suerte, este tipo de comentarios siempre son minoría. Lejos de desmotivarme, se convirtieron en un extra de fuerza para seguir preparándome y demostrar que se equivocaban. Yo hacía caso a la gente con la que comparto mis días, con la que entreno, con la que comparto mis miedos y mis inquietudes. Y lo más importante, creía en mí. Con eso me bastaba para saber que lo lograría.

¿Incapaz yo? Mis cojones. Si trabajas duro en un objetivo —y eso significa tener los hábitos y la actitud correcta— apenas hay margen de error. Siempre puedes tener la mala suerte de sufrir una lesión, una enfermedad inesperada o tener malas condiciones climatológicas el día de la prueba, pero eso ya no está en tus manos. Ahí entra el factor azar, y si eso sucede, posponemos el reto y aquí no ha pasado nada. Y vuelvo a repetir, trabajo duro. Los mayores éxitos llegan cuando hay un largo camino recorrido detrás. Y aquí llega el mayor de los problemas, el que frena a un inmensa mayoría para luchar por un objetivo, el temor a la disciplina. Si acabas de iniciarte en el mundo del *running* te parecerá de héroes correr una maratón. Y te comprendo perfectamente, porque a mí también me lo parecía en su día. De hecho, me sigue produciendo un gran respeto, pero no miedo. Al final se trata de un escalón más en la pirámide de distancias del *running*, al que todos tenemos oportunidad de llegar si lo trabajamos. ¿Por qué no convertirte en uno de ellos? ¿Te apetece? Ojo, no te estoy diciendo que corras los 42.195 metros mañana, ni mucho menos. Tendrás que trabajar durante meses y pasar antes por distancias inferiores, aquí nadie regala nada. Pero te repito la pregunta: ¿Te apetece llegar a ser maratoniano? ¿Entrar en el selecto grupo de los discípulos de Filípides? La decisión solo la tienes tú. Si decides que serás maratoniano y entrenas como un maratoniano, en unos meses —o años— tendrás una medalla colgada en tu habitación que lo acredite. ¿Que tu gran objetivo es llegar a bajar de 40 minutos en una carrera de 10 kilómetros? ¿Completar tu primer triatlón? Ponte a trabajar en ello. Sea cual sea tu próxima meta, tanto en el deporte como en tu vida, ponte a trabajar en ella.

ETAPA 8: KILÓMETRO 77 DE 121

Si corres solo, llegarás más rápido; si corres acompañado, llegarás más lejos

Salimos más de una docena de personas, entre ciclistas y corredores, dirección Mataró. A por nuestra próxima conquista: sobrepasar la doble maratón (84 km). Las piernas avanzan a pesar del agotamiento, como un boxeador que va recibiendo golpes y sabe que en cualquier momento uno de ellos puede mandarlo al KO, y ni con esas quiere bajarse del ring. Esta es nuestra lucha de hoy, y hoy me siento Muhammad Ali.

—No pienso correr por asfalto en meses —le digo a Jordi, que pedalea a mi lado.

—Eso dices ahora, en dos semanas estarás mirando a ver cuál es la próxima —me responde.

—Bueno, sí. Para que me voy a engañar, si soy un sufridor sin solución. Pero eso sí, me voy a pegar una semana que el único ejercicio que voy a hacer va a ser darme la vuelta en la tumbona para no ponerme moreno de un solo lado.

—Bien merecido lo tendrás después de esta paliza.

—Bueno, la que lleváis vosotros encima de la bici tampoco es para menos. Pero ya estamos más cerca. ¡Vamos equipo con fuerza, que llegamos! —grito a mis compañeros.

Raúl mira su reloj, me lo enseña y nos abrazamos sin dejar de correr. Le comunicamos la noticia al resto, hemos sobrepasado la doble maratón. Caras de alegría. Aún quedan 4 kilómetros para finalizar la etapa, pero traspasar la línea de una maratón siempre es especial, y si es doble, pues doblemente especial. Un empuje moral para continuar con el esfuerzo sobrehumano de unas piernas que llevan doce horas al pie del cañón.

Me encuentro realmente bien en esta etapa, como si me hubieran reseteado las piernas e inyectado energía en vena. El sol se ha escondido, un enemigo menos. Aprovecho este pequeño subidón que me ha dado para ponerme a hablar un poco con alguna de las personas que nos acompañan.

—Me sorprende mucho que corráis sin música. Yo no puedo salir a correr sin mi reproductor y mis auriculares, para motivarme y distraerme. No sé cómo lo hacéis —me comenta uno de los chicos que ha venido a correr esta etapa junto a nosotros.

—Hace años que dejé de llevar música en las pruebas. Cuando empecé en esto del *running*, sobre todo en las tiradas largas que hacía en solitario, sí que acostumbraba a llevar el mp3 o el móvil. De hecho, en algunos entrenos lo sigo haciendo, y entiendo lo que dices. Correr con música ayuda mentalmente, el tiempo parece que pasa más rápido y los entrenos se hacen más amenos. Pero en las carreras es diferente, porque en ellas puedes encontrar una melodía que te aporta mucho más que una canción.

—¿Qué melodía?

—La que forman cientos de zancadas que avanzan al unísono, el viento soplando con fuerza para intentar detenerte o la lluvia cayendo con fuerza sobre tus hombros. Creo que en carrera no existe música más mágica que los gritos de un público entregado, el choque de manos con un niño que permanece en primera fila ilusionado, el disparo de una cámara de fotos, los «vamos, vamos» del *speaker* o los aplausos de unos voluntarios que han madrugado un domingo para hacer posible tu carrera y animarte en cada metro del recorrido. Me di cuenta de que aquellas canciones a todo volumen me apartaban de un mundo lleno de sonidos extraordinarios, que solo suceden una vez. O pones la oreja en ese instante o te los pierdes. Quién necesita música teniendo esa fuente de motivación. Eso hay que degustarlo en cada carrera. Es como ir a un restaurante tres estrellas Michelín y cenar un bocata de chorizo envuelto en papel de aluminio que te has traído de casa. Una melodía que no se repite y que es capaz de erizarte la piel, más incluso que un *Viva la vida* de Coldplay retumbando en tus auriculares.

Reflexiones espontáneas que surgen en mitad de una conversación. El tiempo pasa y con él los kilómetros, pasamos ya por delante del cartel que indica que estamos en Mataró. Más del 70% del recorrido completado, y por el camino se quedaron momentos inolvidables que dejan paso a los que aún faltan por llegar. Puedo ver ya la autocaravana y a toda la gente reunida en el avituallamiento. Puños en alto para festejar otro pequeño logro que nos acerca más al objetivo final. De nuevo recompensamos a nuestras respectivas cabezas con una breve pausa. Un respiro necesario para dos piernas que ya lloran a cada paso, por el cansancio acumulado en 88 kilómetros. Un cansancio que no se refleja en nuestros rostros, que lucen una sonrisa dedicada a todos aquellos que nos acompañan en este día.

Uno de los chicos que se había unido a correr con nosotros en Lloret de Mar (kilómetro 45) se despide tras concluir 43 kilómetros unido a nuestra «grupeta» solidaria. Un poco más de una maratón. Y no una maratón cualquiera, ¡su primera maratón!

—Chicos, yo me retiro aquí. Acabo de hacer mi primera maratón junto a vosotros, y yo venía a correr solo 20 kilómetros —se despide de nosotros.

—¿En serio has corrido hoy tu primera maratón? —le pregunto con cara de asombro.

—Sí, me habéis arrastrado vosotros. Ha sido veros luchando metro a metro en cada etapa, que se me ha contagiado la fuerza mental que tenéis. Jamás me hubiera imaginado corriendo tantos kilómetros, pero se me ha hecho súper ameno. Si no os hubiera conocido hoy probablemente no me hubiera atrevido a correr una maratón hasta dentro de bastante tiempo.

—Me emociona lo que dices, y me hace muy feliz. Un ritmo suave como el que hemos llevado es clave para poder aguantar tantas horas en el asfalto. Tenías un gran potencial dentro, que hoy ha salido a relucir.

—Gracias también al equipazo que lleváis, me habéis cuidado como a uno más de la familia, no me ha faltado de nada.

—En equipo todo es más fácil, un buen apoyo moral empuja más que dos piernas potentes. Para nosotros ya eres uno más de la familia. Enhorabuena y gracias por sumar kilómetros a la causa. Seguro que nos volveremos a ver pronto.

—Fuerza para esos kilómetros finales, estáis tocando ya Barcelona con la yema de los dedos.

Nos fundimos todos en un gran abrazo grupal, es la magia de este deporte. Mientras unos se despiden, otros se suman para afrontar las últimas etapas. Pero antes de salir, un delicioso sándwich de aguacate con jamón serrano. Qué rico.

• No sin mi equipo

La conversación anterior me ha llevado a reflexionar sobre la importancia de rodearse de personas positivas que te animen a trabajar por tus sueños. Gente que confíe en tus capacidades y que sean capaces de ayudarte a tomar decisiones realistas y positivas. Gente que te de ese impulso necesario para alcanzar todos tus objetivos.

Es muy difícil afrontar un reto completamente en solitario. Siempre acabamos necesitando la mano de alguien durante el proceso de preparación o en el transcurso de la prueba. Cada reto, por muy individual que pensemos hacerlo, acaba implicando a otras personas que tomarán un papel muy importante para su consecución. Y aquí podemos distinguir dos clases de apoyo: el profesional y el emocional.

Por un lado, debemos encontrar un buen equipo profesional que nos ayude a alcanzar nuestro mejor estado de forma posible para tener garantías de terminar con éxito el objetivo que nos hemos fijado. En este grupo podemos incluir al médico que nos hará la prueba de esfuerzo pertinente, que no solo nos ayudará a detectar posibles riesgos y alteraciones en nuestra salud, sino que aportará datos muy interesantes sobre nuestro estado actual y que nos pueden ayudar a encaminar mejor nuestros entrenamientos, como el consumo máximo de oxígeno (VO2max), frecuencia cardíaca máxima, umbrales...

Por otro lado, podemos incluir también en este grupo a otros profesionales, tales como un fisioterapeuta, que nos dejará los músculos a punto; un nutricionista, que nos pautará las comidas; o un entrenador, que conseguirá sacar todo nuestro potencial. Contar con la ayuda de todos ellos sería lo ideal y lo más recomendable. El combo perfecto, vamos. Pero bien es cierto que en ocasiones esto no es viable económicamente. Aquí quiero volver a recalcar que el chequeo médico debería ser obligatorio para todos, sin excepción. En esos casos, podemos recurrir a planes de entrenamiento online más generalizados, libros sobre nutrición que nos enseñen recetas saludables adaptadas a nuestro deporte o aparatos de electroestimulación que nos ayuden a recuperarnos del ejercicio. Son opciones más accesibles para todo el mundo, pero sea como sea, si queremos hacer las cosas bien, tendremos que recurrir a información profesional, y en consecuencia, de alguna manera, ellos también se convertirán en un pilar fundamental de tu preparación.

Por otro lado, tenemos el apoyo emocional, que nos aportará estabilidad y mucha seguridad, para dar zancadas firmes hacia nuestras metas. Nuestros padres, nuestra pareja, nuestros amigos, nuestros compañeros del club... o nuestro propio entrenador incluso. Gente que comprenda nuestra pasión y que sepa escucharnos, motivarnos y apoyarnos cuando nos falten fuerzas para continuar. Sea en el momento que sea. Busca ese apoyo en la gente más cercana, porque será el más sincero que puedas encontrar. Y en el caso de que no dispongas de él, por las razones que sean, ábrete a conocer gente con la misma pasión (en este caso, el *running*).

Hoy en día, con las redes sociales lo tenemos muy fácil para conectar con personas de todo el mundo que tengan la misma afición que nosotros, y con las que podemos compartir impresiones y apoyarnos mutuamente. Y si no eres amigo o amiga del mundo 2.0 y prefieres un contacto más cercano y personal, puedes acudir a cualquiera de los clubs de *running* que existen en prácticamente todas las ciudades, donde en muchas ocasiones hacen quedadas gratuitas a las que puedes asistir y relacionarte con gente que disfruta de este maravilloso deporte. Personas que rápidamente pasarán a convertirse en tu *familia runner*, porque el *running* une. Créeme, así he conocido yo a cantidad de amigos con los que sigo teniendo estrecha relación después de años. Como locos del *running* que somos, no hay nada mejor que apoyarse en otros locos que sean capaces de comprender nuestras locuras.

En este aspecto, yo he tenido la suerte de tener una familia que desde bien pequeño me ha apoyado en esto del deporte. Empezando por mi madre, que día sí y día también venía a recogerme a todos los entrenos que realizaba en mi infancia, con la merienda en la mano. Y continuando con mi padre, que no se ha perdido una sola competición, aunque para eso tuviera que irse en un tren de mala muerte hasta Albacete para verme dar acrobacias durante diez minutos en un Campeonato de España. Y a día de hoy, así continúan, apoyando cada reto y aventura que decido afrontar. Probablemente, sufriendo casi más que yo.

Desde hace unos años, además, cuento con el apoyo de mi hermana, que decidió seguir mis andaduras y empezar a correr. Hace unos meses vivimos un momento mágico en la Maratón de Barcelona, donde ella se estrenaba por primera vez en esa distancia y yo afrontaba uno de los mayores retos como maratoniano: bajar de las tres horas. Lo recuerdo como si fuera ayer, tras una dura preparación específica de tres meses, combinando entrenos de series largas, series cortas en pista, rodajes y tiradas largas, me planté en la línea de salida de la maratón, y unos cajones más atrás, mi hermana. Ese día luché cada uno de los 42.195 metros, vaciándome en cuerpo y alma hasta ver el crono soñado en la meta. Bajé de las tres horas y lloré. Lloré mucho, pero de felicidad. Y con la medalla recién colgada del cuello, salí corriendo, con las pocas fuerzas que me quedaban, en busca de mi hermana. Hasta encontrarla en el kilómetro 39, compartiendo los últimos tres kilómetros de ese sueño, que inspirada por su hermano, un día se marcó. Entramos juntos a meta y nos fundimos en uno de esos abrazos eternos que paralizan todo lo que ocurre alrededor. Orgullo de hermano mayor.

Otro pilar emocional que es fundamental son los amigos. Benditos son aquellos que no te niegan una conversación a altas horas de la madrugada, aguantando la chapa de tu última hazaña. Aquellos capaces de sacrificar días de vacaciones para acompañarte en una de tus aventuras, o que se dejan liar un domingo por la tarde para salir a trotar en pleno invierno... Qué haríamos sin ellos. Un tesoro que intento cuidar día a día. Sin ellos no hubiera podido plantearme afrontar prácticamente ninguna de las locuras que acumulo en mis piernas y que guardo en mi corazón.

En cuanto a mi equipo profesional, reconozco ser un poco «alma libre», y probablemente no soy tu ejemplo a seguir si lo que estás buscando es maximizar todo tu potencial. Yo me definiría como un ultrafondista que se basa en su experiencia adquirida durante años y podríamos decir que ha aprendido a base de palos. Nunca he tenido un entrenador que estuviera 100% por mí, pero sí que me he dejado aconsejar y asesorar en más de una ocasión por buenos profesionales y me he empapado del conocimiento de grandes atletas con experiencia —sobre todo en mis inicios—, aunque a día de hoy sigo aprendiendo cosas de este deporte.

Hasta el día de hoy, nunca he seguido un plan de entrenamiento de forma estricta, ni me he centrado en ser «bueno» en una sola prueba. Como he dicho anteriormente, me gusta ir por libre y disfrutar de este deporte sin agobios, presiones ni obligaciones. Me gusta vivir al día y la improvisación me acompaña a todas partes. Hay días en los que me levanto especialmente motivado y me apetece hacer series hasta la extenuación, terminando arrodillado en el tartán sin poder articular palabra. Hay días en los que me apetece ponerme unos auriculares y trotar tranquilamente junto al mar, sin exigirme nada más que disfrutar de un agradable paseo. Y hay días en los que directamente no me apetece entrenar, y no lo hago. Sí, yo también tengo días de esos, y no me torturo por ello.

No le debo nada a nadie, más que a mí mismo. Si hoy no es el día, sé que mañana lo será. Tengo esa capacidad de compromiso conmigo mismo, y me sirve para alcanzar esos retos que me propongo, aunque para ello tenga que emplear más tiempo que alguien que actúa bajo las órdenes de un entrenador. Ante todo, quiero hacer lo que me apetezca en todo momento. Y si tengo que elegir... prefiero la cantidad que la calidad. Intento encontrar el equilibrio entre ambas, pero siempre predomina la cantidad, que es la que más felicidad me aporta. Saber que termino un reto y en pocos días o semanas ya tengo otro, eso eleva mi motivación por las nubes. Si hoy me apetece competir en una carrera de obstáculos, mañana en un Ironman y pasado en una Ultramaratón, quiero hacerlo, siempre que el físico y la salud me lo permitan. Probablemente nunca subiré a lo más alto de un podio, pero celebraré con el mismo entusiasmo cada logro y cada superación personal.

ETAPA 9: KILÓMETRO 88 DE 121

No necesitas suerte, necesitas moverte

Zancada tras zancada nos difuminamos en el horizonte, dirección Premiá de Mar. A pesar de las sonrisas y el buen humor que vivimos en el grupo, puedo ver el cansancio en la cara de Raúl. Y él en la mía, estoy seguro. Las ojeras empiezan a nacer bajo unas miradas que reflejan agotamiento y el cuello parece sentirse atraído por el asfalto que pisamos, hundiendo nuestra mirada en el suelo y perdiendo las ganas de disfrutar de ningún paisaje. Llevamos una sincronización perfecta en nuestros pasos. Apenas se levantan las suelas unos centímetros del suelo, como si lleváramos un koala adulto colgado de cada pierna. La sensación es terrible, pero debemos evitar entrar en una espiral de negatividad con pensamientos del tipo «todavía quedan más de 30 kilómetros», «quiero meterme en la autocaravana y no salir», «va a empezar a anochecer en un rato»... Así que me doy una palmadita en la cara para auto-despertarme, doy un beso a la pulsera con los colores de la fibromialgia —que luzco en mi muñeca—, suelto aire como un toro bravo y aprieto dientes, mientras seguimos comiéndole terreno a Barcelona.

Entramos en un estrecho camino, escoltados por las vías del tren a nuestra derecha y el mar a nuestra izquierda. Uno detrás de otro, y yo sufro por los que vienen detrás en bici. El terreno no es agradable para correr —como si a estas alturas existiera alguna superficie agradable para nuestros pies—, y mucho menos para pedalear. El ritmo se incrementa de forma inconsciente para pasar cuanto antes este tramo. Error. Un amago de calambre aparece en mi cuádriceps derecho, como dando un aviso: «A mí a estas alturas no me hagas forzar la máquina, campeón, porque te gripo el motor». Mensaje captado. Hay que saber escuchar al cuerpo en todo momento y no sobrepasar la línea que te manda al palco. Vuelvo a coger un ritmo lento, pero fiable, y me resigno a dejar que sea el tiempo el que nos coloque en el próximo avituallamiento.

Jordi, que viene por detrás en bici y porta mi móvil, me dice que he recibido un mensaje de mi madre. Automáticamente me dejo caer al final del grupo para acercarme a él y poder verlo. Es una foto en la que aparece ella junto a Enrique -su pareja-, mi hermana y Nou, mi perro. Un labrador blanco que tiene más energía que su dueño, que ya es decir. La foto viene acompañada con un mensaje que dice: «Cariño, os estamos esperando en Premiá de Mar, junto a una quincena de personas más. Me siento muy orgullosa de lo que estáis haciendo, y estoy convencida de que hay muchísimas personas afectadas que hoy están empujando con la fuerza de su corazón para que consigáis vuestro propósito. Nosotros los primeros. Te vemos en un ratito de nada. No hace falta que te lo diga porque eres un luchador nato, pero, no te rindas. Te quiero».

—¿Estás bien? —me pregunta Raúl al verme derramar una lágrima mientras sujeto el móvil.

—Sí, estoy bien. Un poco de sudor que se me ha metido en el ojo —contesto para restar importancia mientras me seco con la palma de la mano.

—Estás emocionado, ¿verdad? Lo que estamos consiguiendo hoy es muy grande —me responde colocando su mano sobre mi hombro.

—Sí tío, lo sé, y por eso quiero lucharlo hasta el final. Mi madre me ha escrito un mensaje diciéndome que nos están esperando al final de esta etapa.

—Pues en media hora máximo estamos allí con ella. Y no te preocupes, a estas alturas las emociones están a flor de piel, y pasar de la risa al llanto se convierte en algo natural —me responde, mientras chocamos nuestras manos. Un gesto que hemos repetido en numerosas ocasiones durante el reto, como señal de hermandad—. No te dejaré solo, porque sé que tú tampoco lo vas a hacer.

Cuando afrontas un desafío extremo como este, donde se lleva al cuerpo y la mente al límite, siempre te acompañan nervios, miedos y muchas dudas acerca de si todo saldrá según lo previsto. Y aunque tú confías en tus capacidades, y sabes lo mucho que has trabajado para estar hoy aquí, la incertidumbre te acompaña, y más cuando te enfrentas a una distancia desconocida. Te sientes como David enfrentándose al gigante Goliat, donde sabes que eres capaz de vencerlo con una honda y una piedra, pero no dejas de repetirte «y si fallo», «y si me derriba él antes a mí», «y si…». Eso malditos «y si». Pero estamos ya acercándonos al kilómetro 100, y ahora sí que empiezo a creer que esto es posible. No llevo honda ni piedra, pero tengo una fuerza en el corazón capaz de empujar lo que haga falta y de derribar cualquier obstáculo que se interponga en mi camino. Pongo pasión en todo lo que hago, y eso me hace sentirme imparable. Con un gesto de euforia grito para desahogarme y soltar tensión mientras alzo el puño con la pulsera en alto. ¡Nada nos detiene!

Como dice la canción *The Power Of Love,* que versionó Il Divo, uno de mis grupos favoritos:

La Fuerza Mayor
Está en el amor
Es interior
La meta es darlo
Deberás mostrarlo
Sin razón
Con el corazón

Cree en tu objetivo, pon el corazón en cada paso que des hacia él y aparta las excusas. En ocasiones viene bien dejar a un lado la razón y dejar que el corazón actúe por sus propias razones. Y mientras sigue sonando la melodía de Il Divo en mi cabeza, miro el reloj y veo que ya llevamos más trece horas corriendo. Es la primera vez en mi vida que sobrepaso la barrera de las doce horas a pie. La última, y única vez, fue en las doce horas corriendo en esa pista de atletismo de Barcelona. A partir de este instante, entro en un terreno ultrafondista desconocido para mí. Llevamos más de medio día —literal— al pie del cañón.

Miro hacia atrás, en un gesto simbólico de intentar ver de dónde venimos, y visualizo esa salida a las 4:30 a.m. desde Palamós. Lo recuerdo como si fuera algo que ocurrió hace días, incluso semanas. Llevamos tantas horas, tantos kilómetros... y hemos compartido momentos con tantas personas, que mi cerebro no es capaz de atribuir todas esas emociones a un mismo día. Pero esto es maravilloso. Aquí me doy cuenta de lo valioso que es el tiempo, y la facilidad con la que, día a día, dejamos que se esfume ante nuestros ojos. Hoy me doy cuenta de lo mucho que da de sí un día si sabes aprovecharlo segundo a segundo.

• La vida te regala un cheque de 24 horas, tú decides cómo invertirlo

Creo que la vida es un regalo, y cada mañana cuando despierto intento ser consciente de ello mientras me quito las legañas, camino medio dormido hacia la cocina y preparo unas tostadas con mantequilla de cacahuete. Es fácil decirlo o tatuarse un *carpe diem* en la piel, pero también es muy fácil que se desvanezca entre los agujeros de una red llamada rutina. Una red capaz de atraparnos y convertirnos en autómatas. Odio cuando eso sucede. Odio tener la sensación de que solo disfruto de la vida unos pocos días de la semana —mayormente los fines de semana—, y que el resto de días deseo que pasen lo antes posible, para huir de las obligaciones. Basta. Es hora de romper con esa idea. Quiero disfrutar de cada día en el que tenga la suerte de estar con los pies en la Tierra. Quiero recorrer calles del mundo a golpe de zancada, abrazar a la familia y reír con los amigos mientras compartimos unas patatas bravas. No quiero dejar pasar ni un solo día sin hacer eso, porque no existe la garantía de que hoy no sea el último día de mi vida. Es jodido pensar que mañana quizás ya no estemos aquí, pero lo veo necesario para quitarnos esa idea de que somos algo así como seres inmortales. Damos por hecho que viviremos hasta llegar a una edad avanzada, donde nos estará esperando una muerte natural. Y ojalá fuese así siempre, pero no. La vida muchas veces no es justa y nos manda a otro lugar antes de hora. Por ello, vale la pena agradecer cada cheque de 24 horas que nos regala la vida, guardarlo bien en el bolsillo y salir ahí fuera a canjearlo antes de que caduque. Con un poco de suerte, mañana recibirás otro. Y pasado otro. Y otro… Pero también es posible que hoy la vida te haya entregado el último cheque. O quizás te lo entregue mañana. O pasado. O el otro… Así que, como decía el gran Steve Jobs:

«Si hoy fuese el último día de mi vida, ¿querría hacer lo que voy a hacer hoy? Si la respuesta es NO durante demasiados días seguidos, sé que necesito cambiar algo».

Todos nos hemos visto atrapados en la rutina en algún momento de nuestra vida. En muchas ocasiones, una rutina de la que no podemos huir, por los motivos que sean, pero que sí podemos contrarrestar sus efectos dándole espacio al ocio. Y en mi caso, el deporte siempre ha sido mi mayor vía de escape, sobre todo en mi época como estudiante. Desde bien pequeño en el colegio hasta que iba con una carpeta universitaria bajo el brazo. Me ayudaba a eliminar esos pensamientos de «bueno, un día menos para el fin de semana», ya que cada día disfrutaba de mi dosis de tiempo libre, en el que conseguía desconectar de todo y únicamente me centraba en dar el 100%. Era mi momento. Cada día quería ser mejor que el anterior y no había día en el que no me fuera a la cama sin la sensación de haberlo dado todo.

Cuando terminé mi carrera de Ingeniería Técnica en Informática de Sistemas, me quedé sin obligaciones que cumplir y con un título a la espalda. Era libre para volar allí donde quisiera para seguir creciendo y formándome como persona. Cogí la maleta y abandoné mi ciudad natal, Barcelona, para instalarme en la ciudad de los leones, Zaragoza, lugar donde mi padre llevaba ya años viviendo y trabajando. No me costó encontrar un trabajo al que acudir cada mañana para ganarme el sueldo y un lugar de entrenamiento en el que pasar las tardes para desconectar de todo. Ocho horas sentado en la oficina y dos horas en el gimnasio. Pasaron los meses y podía sentir cómo ese trabajo llenaba mi vida y se convertía en una mera obligación diaria. No provocaba en mí ninguna de las sensaciones que, por ejemplo, me provocaba el deporte. Empecé a tener claro que no era mi vocación —más vale tarde que nunca— y que necesitaba otro cambio en mi vida.

Así fue como en 2015 recogí toda mi ropa del armario de Zaragoza y volví a Barcelona con una mentalidad renovada, convencido de que era el momento de emprender, de crear un proyecto que consiguiera emocionarme y motivarme tanto como el deporte, o al menos intentarlo. A día de hoy, después de mucho esfuerzo, puedo decir que me dedico a aquello que de verdad me gusta: la organización de eventos deportivos.

Me ha costado unos cinco años y dos mudanzas, pero he conseguido crear mi propio puesto de trabajo en algo realmente gratificante, como es crear eventos en los que se viva el esfuerzo y la superación muy de cerca. Ver la cara de satisfacción de cada una de las personas que cruza la meta de nuestras carreras es la mejor recompensa a meses de trabajo. He conseguido escapar de la rutina y organizarme los días como más me convengan para compaginarlos con mis pasiones: el deporte y las redes sociales. Ahora vivo con ilusión día sí y día también, y espero que por mucho tiempo. Toco madera. Y es que al final, por miedo, muchas veces nos quedamos atrapados en lugares de los que estamos deseando escapar. El miedo vence a cualquier sueño, así que trabaja para quitártelo de encima y empieza a luchar por lo que te mereces. Tienes a todos tus sueños ahí fuera esperándote, solo tienes que atreverte a salir a cazarlos.

La vida se consume más rápido de lo que quisiéramos. Pasan los minutos y no podemos volver atrás ni detener el tiempo. Vamos a disfrutarla y a darle sentido a cada minuto que tengamos la suerte de pasar despiertos. El tiempo es oro, pero si volvemos al mundo del *running*, podríamos decir, más bien, que «el tiempo es crono».

• El tiempo es crono

El crono altera las emociones de los *runners* desde tiempos inmemoriales. Capaz de convertirse en tu peor pesadilla un día y elevarte al olimpo de los dioses en otro. Arma de doble filo. Motivación cuando mejoras tu marca personal, frustración cuando te estancas en ella, desmoronamiento cuando la empeoras. Nunca algo tan abstracto como el tiempo provocó tantos quebraderos de cabeza a los corredores. Pones en marcha el cronómetro. *Start*. Empieza a contar, y aunque siempre lo hace al mismo ritmo, tú nunca lo percibes igual. Objetivamente estable, subjetivamente variable. Sensación de que corre demasiado en una 10k. Sensación de que pasa muy lento en una tirada larga. Porque el tiempo es así, pasa muy lento para los que entrenan y muy rápido para los que compiten.

El tiempo es un compañero más en el viaje de la vida. Siempre pendientes de él, y más en el mundo del *running*. «Voy a correr esta», frase que como buen *runner* repito varias veces al año cuando miro el calendario de carreras. Te pongo un ejemplo. Con tres meses de antelación me acabo de apuntar —por enésima vez— a la prueba reina, la Maratón. Con la inscripción en la mano le ruego al tiempo -como si fuera un ser todopoderoso- que se ponga las pilas y acelere el ritmo estos 92 días que me separan del reto, que yo ya estoy preparado para afrontar esos 42 kilómetros. Claro está, que en mi primera maratón la petición que le hacía al tiempo era bien distinta; le pedía que tuviera clemencia, que se sosegara y no corriera, que yo aún tenía que prepararme bien para la carrera.

Sin darme cuenta han pasado los meses y me he plantado en la semana de la competición. El día previo a la carrera le pido al tiempo que suprima la noche. No aguanto más la espera. Mis piernas vibran de emoción por correr la maratón, el dorsal espera impaciente en la mesita de noche y la equipación está perfectamente colocada sobre la silla. Un set de fotografía que ya luce en mis redes sociales, aunque no existe filtro capaz de transmitir todo lo que pasa por mi interior en ese instante. Finalmente, tras dar unas vueltas de campana sobre el colchón y darle unas cuantas vueltas a la cabeza pensando en la prueba, me acabo durmiendo.

Suena el despertador. De nuevo el tiempo haciendo de las suyas. Con los ojos medio cerrados y unas legañas de espanto le pido tregua, un posponer cinco minutos más. Y otros cinco. Y otros cinco. Y debato con él, le exijo que se calme un poco, que las prisas las tenía ayer noche, pero ahora ya no. Ahora lo que tengo es sueño. Y punto. Finalmente me despierto y me levanto a desayunar. Tostada en mano veo cómo se va acercando la hora de la verdad, de demostrar que me he dejado la piel durante semanas entrenando para salirme hoy. Señor tiempo, no corra, coño. Al menos déjeme terminar tranquilamente este zumo de naranja. Nada, oídos sordos, los minutos se agotan y llega la hora de salir de casa. Llego al lugar de la prueba, el tiempo sigue implacable en su avance. A penas me da tiempo de saludar a unos amigos y hacernos una foto grupal. No hay tiempo para más, hay que calentar antes de entrar al cajón de salida. Empiezo a dar las primeras zancadas del día, suaves, para entrar en calor. Una vuelta por aquí, un *sprint* por allí. Empieza a asomar la primera gota de sudor. Ahora pido al tiempo que espabile, que llegue la hora de salir que yo ya estoy a tono. Listo para competir.

Ojo, visita inesperada de última hora, el señor Roca. Esto sí que es un auténtico marrón. Salgo escopeteado hacia uno de los lavabos portátiles que ha colocado la organización y me encuentro con una cola interminable de *runners* que espera su turno. ¿Aquí qué regalan? Miro el reloj, de nuevo ahora corre demasiado. De verdad, lo de antes era broma, no tengo prisa por empezar. Dame un suspiro. Y por fin llega mi turno. Como puedo me pongo en situación para liberar lastre, sin dejar de mirar el reloj. Los segundos pasan y no me concentro. Me pongo aún más nervioso. Finalmente todo lo que tiene que caer, cae. Liberación.

Corro hacia la salida, me voy abriendo hueco entre tanto corredor hasta encontrar mi sitio. Sí, aquí parece un buen sitio para salir. Miro el reloj, quedan tres minutos. Los tres minutos más largos de la historia. Activo los satélites del GPS y empiezo a dar botes con la vista puesta en el arco de salida. Los segundos no pasan. Miro a los corredores que me rodean. Doy unas palmadas para eliminar tensión. Empieza a subir la adrenalina por mi cuerpo. Preparo el dedo en el botón de *Start*, y el encargado de dar la salida lo hace en su pistola. Impaciente vuelvo a mirar el reloj, aún queda un minuto. Dichoso tiempo, cómo juega con nosotros, siempre llevando la contraria al que tiene los ojos puestos en él.

Al fin se da la salida. Activo el crono. Los segundos que antes parecían no pasar ahora avanzan a la velocidad del rayo. Uno, dos, tres, cuatro, no dejan de sumarse en la pantalla de mi reloj. Qué locura. Intento centrarme en la carrera, dando lo mejor de mí, pero no puedo evitar volver a mirar el crono. Jodido crono, a qué juegas. Llueven sobre mi cabeza los segundos y los minutos, y voy cargando el peso de estos en mis piernas. Piernas que intentan aguantar el tipo, piernas que fatigadas piden un descanso que no estoy dispuesto a darles. Y la carga de segundos aumenta. El crono se acerca a mi mejor marca personal y yo me acerco a meta. Rozando la extenuación pongo la maquinaria a pleno rendimiento. Ya he olvidado por completo el reloj, mi vista está puesta en la alfombra de meta. Remato la carrera con unas zancadas colosales que me propulsan a la culminación del trayecto. Recupero el aliento mientras miro el reloj, y ahí están, las cifras del éxito. Los números soñados. Mi mejor marca. Eufórico y campante me hidrato mientras celebro con los míos el resultado. Desearía que el tiempo se detuviera, que esta sensación fuera permanente, pero los minutos siguen avanzando. Como un buen orgasmo, el entusiasmo se va atenuando hasta convertirse en un buen recuerdo. Momento de volver a coger el calendario y anotar el siguiente desafío. Momento de volver a mirar el reloj y contar los segundos, minutos, horas, días, meses para volver a enfrentarnos al crono.

ETAPA 10: KILÓMETRO 100 DE 121

Trabaja hasta que tus ídolos se conviertan en tus rivales

Pasamos por debajo del puente que deja paso de nuevo a la playa, subimos una pequeña rampa —que en estos momentos supone un esfuerzo considerable— y visualizamos ya el avituallamiento de Premiá de Mar, el kilómetro 100 de esta aventura. Suenan aplausos de fondo, que van ganando nitidez a medida que nos acercamos. Una etapa menos para entregar nuestro mensaje de apoyo a los afectados de fibromialgia y el cheque donativo para la asociación. Abrazos con mi madre y mi hermana que han venido a verme, junto a otra veintena de personas, entre las cuales hay muchas caras conocidas que no querían faltar en el día de hoy. A medida que vamos avanzando en las etapas, se va sumando más gente para compartir kilómetros a nuestro lado. También es cuando más lo vamos necesitando. Cuanto mayor es el dolor, mayor es la necesidad de recibir apoyo. Este es el punto en el que mayor sentido y más claridad tiene el símil con la fibromialgia, aplicable también a cualquier otra enfermedad. Necesitaba empaparme de energía renovada y recoger fuerzas para afrontar la parte final. Sin duda es un extra de energía más efectivo que los bocatas de aguacate. Aprovecho para sentarme sobre una piedra mientras me hidrato y miro a la gente. No hablo con nadie, pero tengo la oreja puesta en todas las conversaciones y sonrío. Disfruto viendo cómo el deporte y una buena causa pueden llegar a unir tanto. Siento que estoy con mi familia, y eso es motivo para sonreír eternamente.

—Bueno, si queréis nos quedamos aquí toda la tarde, eh. Yo no tengo nada que hacer. Bueno sí, tengo que trabajar mañana —dice Isidro entre risas.

Nos ponemos en marcha. Me despido de mi madre y choco la mano con mi hermana, que se viene con nosotros los próximos 10 kilómetros. Abandonamos Premiá y siento que la fatiga cada vez es más latente en mi cuerpo. Cada vez se hace más duro el parar y volver a arrancar. Cada paso que doy es una batalla mental que le gano al cuerpo, mientras este me dice que me detenga. En el momento en el que mi hermana se interesa con preocupación por mi estado, entiendo que mi cara en estos instantes debe ser un poema, un reflejo real de mi agotamiento. Y es que con mi hermana nunca hemos llegado a conectar y compartir tantos momentos como desde el día en el que ambos empezamos a correr y compartir carreras.

—Ya casi lo tienes campeón —me dice ella.

—No puedo más —le contesto con la mirada en el suelo.

—Sí puedes. Claro que puedes. Solo tienes que lucharlo un poco más —me contesta.

—Llevo más de quince horas haciéndolo, y ahora sí que siento que estoy agotando mi depósito de energía. De cabeza voy bien, de hecho, si no fuera por eso ya habría abandonado, porque muscularmente me duele absolutamente todo —confieso con el gesto de dolor en mi cara.

—Es solo una media maratón más. Cuántas medias has corrido en tu vida. Esta la harás un poco más cansado de lo habitual, pero la harás. Yo confío —me dice poniendo su mano sobre mi hombro.

Y claro, cuando tu hermana pequeña dice que confía en ti, no te queda otra que volver a venirte arriba y levantar la cabeza. Raúl también está bastante tocado muscularmente, pero no muestra estar cansado anímicamente. O al menos lo disimula para no transmitirlo. Yo intento también maquillar el dolor ante él para no contagiarle mi extenuación. Me pongo a cola del grupo buscando un poco de espacio para seguir con la batalla que se está librando en mi interior.

En estos instantes de introspección vuelvo a recordar aquel día en el que conocí a ese hombre capaz de recorrer 100 kilómetros en una sola jornada. Ese ultrafondista rompió todos mis esquemas sobre los límites del cuerpo y la mente humana, y desde que lo conocí, levantó en mí la inquietud de saber si esa hazaña estaba al alcance de unos pocos «superhumanos», o si yo mismo, podría ser capaz de entrenar duro durante meses o años hasta alcanzar ese estado de forma. Solo necesitaba tres ingredientes para comprobarlo: esfuerzo, constancia y disciplina. Y tiempo. Concretamente tres años. Hasta que hoy, veo reflejado en mi GPS la marca de los 100 kilómetros y se me ponen los pelos de punta. Me cuesta asimilar que haya sido capaz de imitar la gesta de aquel ídolo anónimo, que me abrió los ojos ante el mundo del ultrafondo. Queda claro que todo es posible en la medida que tú creas que es posible.

Quedan solo 4 kilómetros para llegar a Badalona y realizar la penúltima parada. Solo cuatro. Que no son solo cuatro, porque luego quedarán once más. Pero yo sigo en mi juego de engañar a la cabeza para que no cese en la lucha. Tengo una mezcla de sentimientos brutal. Por un lado, quiero llorar y desahogarme, por la cantidad de horas que llevo esforzándome sobre el asfalto. Por un lado, siento mucha rabia interior cada vez que aparecen los pensamientos de abandono, porque no los quiero conmigo. Por otro, siento la necesidad de reír cada vez que alguien hace alguna broma, porque al fin y al cabo estamos aquí por elección propia y para disfrutar, dentro de lo que el dolor nos deja. Y por último, en esta batidora de sentimientos, predomina la ilusión por terminar y cumplir nuestro objetivo solidario. Sé que soy capaz de lograrlo, pero sinceramente, cuando chocas de morros contra *el muro*, seguir avanzando se convierte en toda una odisea llena de penuria.

• El muro

¿Qué haces cuando entras en un túnel donde la oscuridad te come y eres incapaz de encontrar la salida? Una sensación parecida es la que provoca el famoso «muro». Un término muy usado en maratón para referirse a ese momento de la carrera, normalmente entre el kilómetro 30 y 35, en el que las fuerzas empiezan a fallar. El cuerpo parece quedarse sin gasolina y la cabeza es quien debe tomar las riendas de la situación. Una ardua tarea que no siempre termina con un resultado satisfactorio.

Llevo ya bastantes encuentros con ese *muro* —por desgracia— y ninguno ha sido igual que el anterior. Siempre te sorprende de una forma distinta. En ocasiones, el golpe ha sido tan duro que me ha reventado. *Game over*. Incapaz de superarlo, ves como el ritmo de carrera cae de forma estrepitosa y tu objetivo se resquebraja ante ti. Las piernas dejan de responder como lo hacían hasta ahora y la mente se nubla con pensamientos adversos a la actividad. Solo te queda luchar y sufrir para intentar salvar una situación compleja, siendo consciente de que estás en el tramo final de la carrera y al terminar toda esa angustia habrá valido la pena. También es verdad que en otras ocasiones he tenido más suerte y el golpe ha sido leve. Te sacudes un poco el polvo y continúas como si nada hubiera pasado.

Este famoso muro —algunos prefieren llamarlo *pájara* o *tío del mazo*— aparece cuando nuestro cuerpo agota las reservas de glucógeno del hígado y los músculos, que es nuestra fuente de energía más eficaz, y tiene que buscar una nueva forma de obtención de esta. En ese proceso de búsqueda produce cuerpos cetónicos, que facilitan la aparición de fatiga, y empieza a utilizar las reservas de grasas, que son una fuente mucho menos efectiva. En otras palabras, si la carrera fuera la partida de un videojuego, te estarías enfrentando al gigante final con la última vida que te queda. Así que la única opción —si no quieres adoptar una actitud suicida— es bajar revoluciones y jugar de forma segura, aunque eso conlleve más tiempo del previsto.

Las causas de este encuentro no deseado con el *muro* pueden ser muy diversas. Una de ellas puede ser la falta de preparación previa, pocos kilómetros acumulados en las piernas y una musculatura que no se ha adaptado a trayectos tan largos. Otro motivo puede ser un error en la estrategia de carrera, llevando un ritmo por encima de nuestras posibilidades, que conlleva un consumo excesivo de energía que nuestro cuerpo no se ve capaz de gestionar. Y por otro lado, también se podría deber a una incorrecta reposición de los carbohidratos durante la prueba. Como ves, hay muchos factores que nos pueden invitar a abandonar nuestro objetivo por la puerta de emergencia, pero por experiencia puedo decirte que, valga la redundancia, con experiencia aprendes a controlar casi a la perfección todos esos elementos, ampliando sustancialmente las probabilidades de éxito.

En este reto de los 121 kilómetros el *muro* es algo distinto, ya que el bajón no es tan repentino, puesto que vamos comiendo y bebiendo constantemente para que no se agoten las pilas. Es un desgaste más progresivo. Tras dieciséis horas machacando el cuerpo sin piedad, las ganas de quitarse las zapatillas aumentan exponencialmente a medida que nos vamos acercando al final. Son duros momentos en los que solo tú tienes el poder de dar un golpe en la mesa y seguir hacia adelante. Puedes nutrirte de estímulos externos que te den ese extra de motivación y fuerza para seguir, pero nadie va a poner sus piernas en tu cuerpo. Tú terminas siendo siempre el protagonista de la batalla y el que debe dejarse el alma en ella. Eso hay que tenerlo claro desde un inicio para ir fabricándose un escudo mental con el que protegerse del choque contra el muro.

Esta fase crítica, en la que todo parece invitarte a tirar la toalla, también se entrena. Realizar largas tiradas hasta alcanzar ese punto de soledad y cansancio, y aprender a plantarle cara con tus propios recursos. Al fin y al cabo, creo que de forma ocasional, los entrenos en solitario vienen muy bien para fortalecer nuestra cabeza. Por mucho que entrenemos en grupo —que para mí es la mejor opción para aumentar nuestro rendimiento—, el día de la carrera tendremos que afrontar el *muro* solos. Rodeados por cientos de personas, sí, pero solos. Uno contra uno.

He llegado a ver, en distintas competiciones de ultrafondo, a gente muy preparada físicamente, abandonar por culpa del agotamiento mental. Incapaces de vencer esos pensamientos de abandono, han terminado cediendo y volviendo a casa sin su medalla. Si el cuerpo expresa síntomas de fatiga y la cabeza no es capaz de dar las órdenes para que siga luchando... la cosa está muy jodida. Ya puedes tener un buen motivo que despierte toda la fuerza que alberga en tu corazón, que si no estarás arrancando los imperdibles de tu dorsal antes de hora.

En este sentido, mi mayor motivación para no rendirme en estos 121 kilómetros es llegar a Barcelona y transmitir el mensaje de que hay personas pasándolo francamente mal por culpa de la fibromialgia. Personas que sufren un dolor invisible para el resto y que no reciben el apoyo que merecen. Por todos ellos, voy a seguir luchando aunque todo duela. Me siento como Filípides corriendo de maratón hasta Atenas para dar el mensaje de la victoria contra los persas... pero con otro mensaje, recorriendo más kilómetros y rezando para terminar mejor que él, que cayó desfallecido al llegar.

• No cumplo años, cumplo sueños

Han pasado ya cuatro años desde que nació el reto de #Imheart121 que os estoy narrando en este libro y puedo decir que, sin duda, la experiencia es un grado. Las mayores pájaras me las he llevado en mis primeras maratones, donde todavía andaba un poco verde en esto de las largas distancias. Recuerdo mi segunda maratón, a finales de 2013 en Zaragoza, donde sufrí una grave deshidratación en el kilómetro 19 que desencadenaron en los calambres más dolorosos que recuerdo a día de hoy. Menudo viajecito me esperó hasta cruzar la meta. O en 2015, en la Maratón de Barcelona, donde el cuerpo se quedó sin carburante en el kilómetro 25. Menos mal que corría en casa y pude apoyarme en el aliento de la gente que me reconocía y animaba. Aun así, el resultado fue desastroso si lo comparamos con el objetivo por el que luchaba.

En ultrafondo, más que en ninguna otra disciplina, los años de experiencia son el arma más potente que tiene un atleta para afrontar cualquier desafío que se proponga. Si echo la vista atrás y analizo mi evolución desde la primera carrera de larga distancia (Maratón), que completé en 2013, hasta el día de hoy, ha sido muy significativa. Con el tiempo he conseguido ir adaptando mi cuerpo a las grandes travesías a pie y he aprendido a escucharlo para poder suplir todas sus necesidades. Y no solo el cuerpo, sino también la cabeza. La experiencia me ha aportado fortaleza mental y capacidad de manejar las emociones, que no solo me han servido en el deporte, sino que me han dado un extra confianza para crecer en muchos otros ámbitos de mi vida.

Este desarrollo personal —a todos los niveles— me ha permitido recorrer lugares extraordinarios haciendo lo que más me gusta: correr horas y horas. El «Sergio del presente» os invita a hacer un recorrido por los retos del pasado que más me han marcado en los últimos años. Dale al *play*.

• ULTRAMAN (MAYO 2016)

Sentado en una gran mesa redonda del hotel, frente a una cena cargada de hidratos y acompañado de mi equipo de asistencia formado por mi padre y mis dos amigos, David y Adriá. Hoy ha sido un día duro, el primero del que se considera el Ultraman más exigente del mundo, por sus condiciones climatológicas y el impresionante desnivel acumulado. Estamos en el UltraTri de Motril (Granada), y la batalla ya ha empezado.

Un Ultramán es un triatlón de larga distancia que se divide en tres días:

— Día 1: 10 kilómetros de natación + 145 kilómetros de ciclismo.
— Día 2: 276 kilómetros de ciclismo.
— Día 3: 84 kilómetros corriendo.

Hoy hemos cubierto 10 kilómetros a nado en el mar, con un temporal que nos ha complicado mucho la situación. Grandes olas que nos sacudían de un lado a otro, desviándonos constantemente de la trayectoria y provocando que en más de una ocasión tragara agua salada al respirar. Esto no es un problema si ocurre una o dos veces. Te deja un mal sabor, pero lo remedias bebiendo agua en el avituallamiento situado en la playa. El problema llega cuando estás tan aturdido y mareado, que los tragos de agua de mar se multiplican por cinco. Porque se empieza a crear en tu estómago una mezcla peligrosa, con cuenta regresiva para su explosión.

Finalmente, con algo más de una hora sobre el tiempo previsto, conseguí completar el sector de natación y subirme a la bici para enfrentarme a los 145 kilómetros de ciclismo, con cerca de 2.500 m de desnivel positivo. No me encontraba en mis plenas facultades, me notaba débil en cada pedalada que daba y la comida no me entraba. Tenía el estómago cerrado por culpa del mareo anterior en el mar. Finalmente, con más esfuerzo del previsto, conseguí finalizar en 11 horas y 27 minutos, apenas media hora antes del tiempo de corte, que cada día se establece en 12 horas. No le doy muchas más vueltas y me quedo con lo positivo. Hemos completado el primero de los tres días y ahora toca terminar de cenar y descansar. Mañana será otro día.

Me levanto a por el postre, forzándome a comer algo más, porque llevo prácticamente todo el día sin comer nada. Me siento en la mesa. Mientras el equipo sigue conversando, mi vista está perdida en la ventana. No me encuentro bien y tengo arcadas. Me levanto y salgo fuera del hotel para terminar devolviendo todo lo cenado. La mezcla explosiva que se estaba fraguando en mi estómago desde que salí del mar, acaba de estallar. Muy malas noticias. El cuerpo rechaza los alimentos y me quedan dos largos días por delante para convertirme en Finisher. Acostado ya en la cama, no dejo de dar vueltas en la cama fruto de la intranquilidad que llevo dentro. Me sigo sintiendo indispuesto y las horas avanzan. Y el cuerpo no descansa. Me horroriza pensar que llegaré en malas condiciones al día de mañana, porque es la etapa reina. 276 kilómetros en bicicleta con casi 5.000 m de desnivel positivo.

Me despierta mi padre, con cariño y preocupándose por mi estado. Le cuento que me siento bajo de energía y que me he levantado un par de veces de madrugada a vomitar. A pesar de todo, intento abstraerme mentalmente y pensar únicamente en dar lo mejor de mí en la carretera. Desayuno algo de fruta y un sándwich de pavo, lo poco que mi cuerpo tolera.

Llega la hora de dar la cara y apartar todos los pensamientos dañinos. Lo que tenga que pasar, pasará, pero no voy a atormentarme ni a tirar la toalla antes de hora. De los 48 participantes que empezamos ayer, quedamos 43. Hoy es el día grande. Montados ya en nuestras respectivas bicicletas, estamos todos preparados para que comience la segunda etapa. La salida es espectacular, desde dentro de un ferry atracado en el puerto de Motril.

De uno en uno, cada treinta segundos, vamos abandonando el barco a dos ruedas. Muchas caras de concentración. Todos somos conscientes de la brutalidad de etapa que nos espera. Anuncian mi nombre por megafonía y me dan la salida. Allá vamos.

La etapa empieza en un terreno rodador, que se mantiene hasta prácticamente el kilómetro 70. Como era de esperar, no me siento fuerte... pero sí valiente. Llevamos más de tres horas encima de la bicicleta y aquí empieza el combate cuesta arriba. Intento ser muy cuidadoso con el tema alimentación, y voy cargando el cuerpo de energía. Las subidas cada vez son más pronunciadas y el calor más asfixiante. Me abro la cremallera del maillot para que golpee algo de aire en mi pecho. La cabeza me arde y vacío uno de los bidones de agua por mi cuello. Pero es insuficiente y pido hielo a mi tripulación de asistencia, que me siguen de cerca con una furgoneta.

Mi estómago se va hinchando a medida que voy ingiriendo comida y bebiendo. Siento que no está asimilando nada y me provoca un malestar que termina obligándome a parar en la cuneta para expulsarlo todo. Rápidamente aparece mi equipo para asistirme:

—No pasa nada, tenía todo acumulado en la boca del estómago y necesitaba echarlo —les digo quitando importancia a lo ocurrido.

—Bebe agua, tómate unos minutos, no hay prisa —me dice David ofreciéndome una botella.

—Hijo, tú no fuerces, si no te encuentras bien para y descansa —prosigue mi padre con su habitual fase de padre, valga la redundancia.

—Ya me encuentro mejor, vamos a seguir tranquilamente. En marcha —les digo mientras recojo la bicicleta del suelo.

Es increíble cómo mi barriga ha pasado de parecer un balón a estar completamente plana. Esta situación tiene dos caras. Por un lado, me he quitado todo el malestar de encima y puedo volver a comer. Pero por el otro lado, el cuerpo no ha digerido nada de lo que le he metido hasta hora, y si no lo hace, será misión imposible afrontar así los 200 kilómetros que quedan por delante. Decido no pensar mucho más, retomar la carrera y esperar un milagro. Soy muy cabezón.

Mi pedaleo cada vez es más flojo y mi estado cada vez más frágil. De nuevo se vuelve a hinchar mi vientre, pidiendo a gritos devolverlo todo. El calor golpea todo mi cuerpo y se convierte en tarea imposible mantener una trayectoria recta. Sin apenas darme cuenta, he pasado a ser la cola de la carrera y voy escoltado por la furgoneta de mi equipo y la ambulancia de la organización. Voy dando tumbos hasta que de nuevo lanzo la bicicleta a la cuenta y vomito todo lo que llevo dentro. Grito de rabia y me echo las manos a la cabeza. No puedo creer lo que está ocurriendo.

—¿Me permites que te haga una prueba solamente? —me pregunta el médico de la ambulancia.

—Sí —le respondo con gesto serio y apagado.

—Mira, esto es para medir la saturación de oxígeno en la sangre

—me dice mientras coge mi dedo índice y lo introduce en un pequeño aparato medidor—. Nosotros tenemos que tenerla por encima del 95% y ahora mismo la tienes baja... ¿tú te encuentras bien?

—Sí —le contesto.

—Si decides continuar, nosotros vamos a estar detrás tuyo. Pero si ves que no puedes, para —me dice Paco, que así se llama, mirándome a los ojos.

—Voy a intentar continuar subiendo un poquito más y valoramos —le digo.

—Nosotros estamos contigo. Ya pueden los otros llegar a Irlanda, que sí tú dices que sigues, te acompañamos hasta mañana si hace falta —me dice para animarme—. Eso sí Sergio, si tú te encuentras un poquito mareado, para.

—Sobre todo anticípate, no esperes a derrumbarte para parar —añade David.

Subo de nuevo a la bici y David me impulsa para volver a coger ritmo. Estoy en pleno puerto de primera categoría, intentando hacer el imposible, pero con una idea fija en la cabeza: ante todo la salud.

Voy dando pedales cabizbajo, con pocas esperanzas de remontar esta situación. Hago cálculos mentales para estimar el tiempo que me queda para llegar al corte, y la cosa está realmente complicada siendo realistas. Lo tengo claro, si el cuerpo no asimila los alimentos en los próximos minutos, pondré fin a esta aventura.

Vuelvo a serpentear por la carretera cuesta arriba, sudando y cada vez más débil. Hasta que encuentro una zona llana con un gran árbol, donde decido apoyar la bici y romper a llorar. Grito de la impotencia y doy patadas al suelo con las zapatillas. No, no, no y no. ¿Por qué a mí? Meses de duro trabajo y sacrificio entrenando, ahorrando para pagar el dorsal y el viaje, y arrastrando conmigo a un equipo con toda la ilusión del mundo. Todo para terminar abandonando la prueba por unos malditos problemas estomacales. Qué impotencia. Y más sabiendo que mi día de «disfrute» iba a ser el tercero, corriendo la doble Maratón. Caen las lágrimas por mi cara mientras permanezco sentado bajo el árbol, en silencio.

—Yo te digo Sergio, lo que yo he visto no tiene precio. Para lo que has corrido y el calor que hace, me dejas de piedra. Pero mi consejo es que ya no continúes —me dice mientras prepara el material para hacerme un chequeo.

—No voy a continuar. Adiós al Ultramán —digo entre sollozos.

Finalmente, deciden sentarme en la ambulancia y administrarme oxígeno mediante unos tubos que van a mis orificios nasales. Ya estoy más tranquilo y relajado, después de echar toda la angustia acumulada dentro. Intentando asimilar que no ha sido un fallo muscular y de preparación, sino las consecuencias de tragar abundante agua de mar el primer día. Soy de los que cree firmemente que si algo no te mata, te hace más fuerte. No sé cuándo volveré a intentarlo, pero tarde o temprano, volveremos a vernos las caras, Ultramán.

Ha pasado un día desde mi abandono, y hoy el resto de triatletas afrontan los 84 kilómetros a pie. Entre ellos se encuentra Raúl, que ayer consiguió terminar dentro del tiempo de corte, protagonizando un final de infarto y entregándose en cuerpo y alma. Hoy me encuentro algo mejor ya y decido unirme al equipo de asistencia de Raúl. Vestido con la equipación de *running* le espero en el kilómetro 40 para correr a su lado.

Tras una larga espera, aparece y nos abrazamos con fuerza. Él no esperaba verme aquí, y menos vestido para correr.

—¿Qué haces aquí, hermano? —me pregunta asombrado

—Yo ya no puedo luchar por mi sueño, pero quiero ayudarte a conseguir el tuyo —le contesto de manera sincera.

Juntos retomamos la marcha. A partir de este momento vivo por y para él, y me encargo de portar una mochila con los bidones de agua. El calor vuelve a ser sofocante y constantemente le voy mojando la cabeza. Le veo muy fuerte. Está imparable.

—Kilómetro 75, ya lo tienes va, ya está. Sufre ahora que luego lo podrás decir toda la vida. El título de Ultramán no te lo van a quitar en la vida ya, eso es para siempre —le digo mientras trotamos en la última subida del día.

—Tú no necesitas un empujón, porque tú nos estás empujando a nosotros —le dice José a Raúl desde la furgoneta de asistencia mientras corremos—.Tú tiras de nosotros. No te podemos enseñar nada, cabrón. Pim, pam, pim, pam. Eres un maldito martillo pilón. Lo tienes ahí ya.

Llegamos al kilómetro 82 y tomamos la decisión de dejar correr a Raúl solo ese último kilómetro que le va a llevar a la gloria, a esa meta que solo unos pocos en el mundo están preparados para cruzar. Rápidamente todo el equipo nos dirigimos a meta para recibirle con los brazos abiertos.

—Tercera etapa y ahí aparece Raúllllll... Santosssss... ¡¡Morenoooooo!! —grita con euforia el *speaker*.

Motril se viene arriba, todo el equipo gritamos con los brazos en alto y se derraman las primeras lágrimas de emoción. Raúl pisa la alfombra de meta llorando y alza la cinta que lo convierte en Finisher del Ultramán. Rompo a llorar con él y me arrodillo ante sus pies. Siento su triunfo como si fuera mío, soy tremendamente feliz.

Con el paso de los días se me ha terminado olvidando el disgusto por mi abandono y solo pienso en la revancha con esta prueba. Pero sin prisas, tengo algo claro que lo haré cuando realmente me nazca de dentro y me ilusione tanto como lo estaba cuando vine aquí. Tener el título de Finisher de un Ultramán pendiente, me pone mucho. Cuando vuelva a por él, lo haré con todo. Como dijo Michael Jordan: «Puedo aceptar el fracaso, todo el mundo fracasa en algo, pero no puedo aceptar no volver a intentarlo».

• SPARTAN RACE-DOBLE TRIFECTA WEEKEND (MAYO 2017)

Último domingo del mes de mayo. Son las 14:00 h. El sol resplandece. Hace un día perfecto para estar disfrutando de una paella junto al mar, pero la situación es bien distinta. En mi mano tengo una barrita y estoy en mitad de la montaña. Fíjate qué contraste. De nuevo estoy luchando por una buena causa, intentando dar visibilidad a la fibromialgia a través del deporte. Este fin de semana lo estoy haciendo en la carrera de obstáculos Spartan Race, con un reto que yo mismo planteé a la organización porque nadie antes lo había intentado: completar la Doble Trifecta Weekend.

Como cabe la posibilidad de que no estés familiarizado con esta carrera, te pongo en situación rápidamente. Este tipo de pruebas combinan circuitos de *running* con obstáculos de todo tipo. Los hay de equilibrio, fuerza, puntería, agilidad, coordinación...

Concretamente en esta Spartan Race de Barcelona los corredores pueden elegir entre tres distancias:

— *Sprint*: +5 kilómetros con +20 obstáculos.
— *Súper*: +13 kilómetros con +25 obstáculos.
— *Beast*: +21 kilómetros con +30 obstáculos.

Una de las peculiaridades que tiene la carrera es que nunca sabes el recorrido que vas a encontrar, ni los kilómetros que te van a salir. Todo es orientativo. Y aquellos atletas más preparados, pueden plantearse completar las tres carreras en el mismo fin de semana, lo que se conoce como Trifecta Weekend. Por lo que ya habrás deducido que la Doble Trifecta Weekend consiste en correr dos veces cada carrera. Una nueva y brillante idea del señor Sergio Turull —yo mismo— para desafiar sus límites, una vez más con fines solidarios.

Ayer sábado completé las dos *Beast*, sumando un total de 50 de kilómetros de *trail running* con cerca de ochenta obstáculos. Fue realmente duro y el calor no dio tregua. Esta noche pasada me ha costado dormir por los dolores musculares. Y no quiero contaros cómo me he levantado hoy. Solo de pensar que me esperaban casi otros 50 kilómetros más hoy, me han dado ganas de atarme a la cama para que nadie me pueda sacar de ahí. Pero luego he pensado en el motivo del reto, en todas esas personas que se levantan diariamente a pesar del dolor y he vuelto a calzarme las zapatillas — aún húmedas del día de ayer— , para afrontar la segunda parte de esta aventura.

Ayer fueron diez horas y media las que necesité para completar las dos *Beast*. Hoy de momento llevo ya siete horas de fatiga acumulada. He completado ya las dos Súper de 15 kilómetros cada una, y estoy corriendo la primera Sprint de hoy. Tengo el reto muy bien encaminado, pero el cansancio dificulta cada zancada y cada obstáculo a superar. Tengo que entregarme al 100% en cada uno de ellos para no fallar, ya que eso supondría una penalización de treinta *burpees* —un *burpee* es una flexión + salto—, que terminaría rompiéndome la musculatura definitivamente y elevando mis pulsaciones de forma drástica.

En esta ocasión voy acompañado por Fran. En cada carrera se han ido turnando mis acompañantes para que siempre hubiera alguien corriendo a mi lado, por seguridad. Cuando nos encontramos a mitad de carrera aparecen Raúl y Blay. Mientras converso con Raúl y recibo sus ánimos, puedo observar como Blay habla con Fran a diez metros de nosotros. Presiento que algo no va bien, y les pregunto:

—¿Pasa algo? —pregunto a Blay.

—No, no te preocupes, lo estás haciendo muy bien —me contesta algo acelerado.

—Sergio, tenemos que correr. Ponte detrás mío y sígueme —me dice Fran con cara de preocupación.

En ese momento prefiero no hacer más preguntas y limitarme a obedecer. Retomo la marcha con Fran y desde este momento se acabaron las risas, los descansos y las buenas caras. El ritmo de carrera se acelera de forma radical. Me coloco a su espalda y me limito a dirigir mi mirada a sus zapatillas, siguiendo sus pasos. Como si de una carrera de velocidad se tratara empezamos a adelantar a corredores, que se apartan con los gritos que Fran va lanzando para abrir hueco. Me lleva con el gancho y apenas puedo coger aire. El pulso se me dispara pero no me rindo.

Llegamos a una de las últimas pruebas de equilibrio. No puedo fallar. Ahora no. Cojo aire. Visualizo la estrecha plataforma de madera por la que tengo que pasar sin caer. Vuelvo a coger aire. Subo con decisión, avanzo con los brazos extendidos buscando ganar estabilidad y… ¡lo supero! ¡Dios! Suelto un grito de rabia y salimos al *sprint*, como si no lleváramos casi 90 kilómetros encima. En menos de una hora hemos completado la primera Sprint de 7 kilómetros y llego a meta exhausto, sin saber todavía qué es lo que ha ocurrido para que no me dejaran relajarme ni un segundo. Tal como cruzo me está esperando Raúl con una botella de agua y me manda salir rápidamente a por la segunda Sprint, la última carrera del reto.

Salgo completamente solo, dispuesto a hacer un último esfuerzo. A los pocos metros aparece por detrás Blay, para repetir la misma dinámica que en la carrera anterior con Fran. Se sitúa delante mío y empieza a marcar un ritmo demoledor. Tras unos cuantos obstáculos sin encontrarnos a ningún corredor más, empezamos a visualizar a la cola de carrera. Los alcanzamos y automáticamente Blay empieza a bajar revoluciones. Me coge por el hombro y me dice:

—Ya lo tienes tío, lo vas a conseguir —me dice con cara de satisfacción.

—¿Ya me puedes contar lo que ha pasado? —le pregunto con mucha intriga, mientras cae el sudor por mi frente.

—Sí, te cuento. Ángel —director de carrera— nos ha venido a decir que si no llegabas antes de cierta hora a meta, no te dejarían empezar la segunda Sprint, por temas de seguridad y planificación. En ese momento, Raúl y yo hemos salido corriendo en vuestra búsqueda para decirle a Fran que te llevara lo más rápido posible hasta meta, si no se terminaba el reto. Por eso te ha llevado tan ahogado. Lo habéis conseguido por pocos minutos, y el reto ahora era mío, para llevarte a todo gas antes de que la cola de carrera llegara a meta —me confiesa.

—Madre mía, casi muero. Algo intuía, pero prefería vivir en la ignorancia —le digo.

—Lo sé, por eso no te hemos dicho nada hasta ahora. Pero ahora sí, ya lo tienes en el bolsillo, disfruta de los últimos metros —me contesta con una sonrisa.

Continuamos atacando los últimos obstáculos, ahora ya más sosegado. El público se agolpa en la zona de meta y muchas caras conocidas me esperan bajo el arco. El *speaker* empieza a avisar de mi presencia en la zona final, mientras explica cómo ha sido el desarrollo del reto.

Ya en la recta de meta recibo la bandera con los colores de la fibromialgia, que me coloco a modo de capa. Como si de un superhéroe se tratase, en solidaridad con todos aquellos superhéroes que cada día abren sus alas para alzar el vuelo y luchar contra esta y otras muchas enfermedades crónicas.

—Aquí tenemos a Pitufollow, que está a punto de terminar su Doble Trifecta en un fin de semana —anuncia el *speaker* de la carrera—. Si hacéis cuentas, aquí en Barcelona salen cerca de 96 kilómetros con más de doscientos obstáculos. ¡Eso se merece un fuerte aplauso!

En ese instante salto encima del fuego que marca la llegada y puedo sentir cómo el tiempo se detiene mientras me suspendo en el aire. Como si todo fuera a cámara lenta, saboreando el momento. Muy agotado, con las piernas acalambradas y todo el cuerpo cubierto de barro y polvo. Pero muy feliz y muy agradecido a todos los que han hecho posible cumplir este sueño que una tarde de invierno se ideó en mi cabeza.

Voluntarios de carrera me colocan las seis medallas conseguidas en estos dos días, y guardan la medalla más especial —la de la Doble Trifecta— para que me la ponga una persona especial. Ángel, director de carrera, aparece entre la multitud con una medalla de grandes dimensiones en sus manos. Se dirige hacia mí, agacho el cuello y me la coloca mientras me da la enhorabuena. Acto seguido me da un abrazo sentido, de los de padre. No aguanto más con la presión que llevo acumulada estos días, por concluir el reto, y rompo a llorar en su hombro. El abrazo se intensifica a medida que lo hacen también mis lágrimas. Han sido dieciocho horas de lucha sin piedad contra el desnivel y los obstáculos, contra el calor y el barro, contra la fatiga y las agujetas. Pero aquí estoy, con los brazos en alto, mirando al cielo, llorando y sonriendo a la vez. Devuelvo el aplauso a todo el público que ha querido asistir a este momento y me abrazo con todos mis amigos y amigas que se encuentran frente a mí en la meta, muchos de ellos igual de emocionados que yo.

Y es que al final, cuando pasas tantas horas pendiente de la ejecución de un reto, que además implica una causa solidaria que te llega dentro, terminas sintiendo que formas parte de él, y lo vives. Hoy la victoria es de todos y todas.

• CAMINO DE SANTIAGO CORRIENDO (AGOSTO 2017)

Dicen que hay un camino que te cambia la vida. Un camino lleno de magia, de personas, historias y lugares extraordinarios. Un camino que es como la vida misma, y que te enseña a vivir el hoy, aceptando el ayer y dejando a un lado las preocupaciones del mañana.

Un camino que tiene un punto de dureza, pero que te recompensa a cada paso que das siguiendo sus flechas amarillas.

Estoy en Roncesvalles (Navarra) dispuesto a emprender este camino, el Camino de Santiago. Y lo voy a hacer corriendo durante los próximos quince días, a una media de 50 kilómetros al día para completar sus 770 kilómetros hasta Santiago de Compostela.

No sé lo que me voy a encontrar, y aún menos si mi cuerpo estará preparado para ello. Pero en mi mano tengo ya la credencial que me acompañará durante esta aventura y en la que iré grabando con tinta todo mi Camino.

Durante quince días voy a tener que convivir con el cansancio extremo y a levantarme de la cama con la sensación de haber recibido una paliza el día anterior. Sin tirar la toalla, tendré que ponerme la mejor de las sonrisas y salir a afrontar cada etapa.

Porque así es la vida de un afectado de fibromialgia, convivir con la fatiga, tenerla como compañera de viaje y afrontar cada día con el mismo cansancio que produce correr una maratón. Durante quince días voy a sentir en mi cuerpo lo que sienten los afectados de esta maldita enfermedad, para mostrarlo al mundo y hacerla más visible. Queda mucho camino por recorrer, así que aquí empieza mi particular Camino por la Fibromialgia, el Camino de Santiago corriendo.

DÍA 1: **Roncesvalles-Pamplona (42 km)**. Abandono el albergue de peregrinos equipado con una pequeña mochila de *trail* y una riñonera, que serán mi único equipaje durante las dos próximas semanas. De la mochila cuelga la concha del peregrino, distintivo que identifica a todos aquellos viajeros que tenemos un destino común.

Caminando tranquilamente, me voy acercando al mítico letrero que indica los 790 kilómetros que nos separan de Santiago de Compostela a través del Camino Francés. Tengo que inmortalizar este momento, así que me dispongo a buscar mi móvil dentro de la mochila, cuando una voz grave se dirige a mí por mi espalda:

—Caballero, ¿dónde va usted?

Me giro para responderle y al verle la cara me llevo las manos a la cabeza. No puede ser.

—¿Qué haces aquí tío? —le pregunto.

—No me podía perder tu primer día y darte fuerzas para todo el camino —me contesta.

Es mi amigo Blay, que ha venido expresamente desde Barcelona. Ha pasado la noche durmiendo en el coche, escondido, para darme una sorpresa en mi primera etapa y acompañarme en bici. Actos que demuestran una verdadera amistad. Y locura. Estás muy loco amigo, pero te quiero.

Y ahora entenderéis lo de loco, porque el tío se ha presentado con una bici de carretera. Pero no una de ruta clásica, sino una de contrarreloj, lo que nosotros en triatlón llamamos «cabra». Y con ella viene dispuesto a acompañarme durante 42 kilómetros de pura montaña, para mañana volverse por carretera de nuevo hasta Roncesvalles, que es donde tiene el coche aparcado. Bendita locura la suya.

Activo el reloj, nos damos la mano y comenzamos el Camino de Santiago.

En la pequeña mochila llevo todo lo necesario: la credencial, una muda de recambio, un saco sábana muy ligero, una toalla, chanclas, bidones de agua, chubasquero, productos de higiene personal, detergente, crema solar, vaselina, papel higiénico, mp3, móvil, batería extraíble, una guía del Camino que me regaló mi padre y por supuesto, tapones para los oídos.

No llevo ropa de abrigo por falta de espacio. Pero estamos en pleno mes de agosto y la previsión es buena. Recemos para que así se mantenga.

Hoy me ha quedado claro algo que ya me dijeron antes de venir, y es que en el Camino de Santiago nunca te va a faltar de nada. Antes de abandonar el albergue, he podido ver una mesa en la que había un cartel que decía: «Deja aquí lo que no necesites». Un lugar donde la gente dejaba todo aquel material que no necesita, y que sin embargo, podría servir de ayuda a otros peregrinos. Te hablo de chaquetas, chubasqueros, guantes, bufandas, comida… Una imagen que se me ha quedado grabada y que dice mucho de este Camino, donde predomina la solidaridad y la hermandad.

Uno de los mayores miedos que tenía al plantearme hacer el Camino en solitario era perderme. Miedo a no ver señales y terminar desorientado en una zona que no controlo. Pero me bastan pocos kilómetros de esta primera etapa para eliminar ese temor de mi cabeza, ya que hay señales por todas partes en forma de vieiras o flechas amarillas, con la distancia restante para llegar a Santiago.

Tras un duro ascenso al puerto de Erro llegamos a Zubiri, punto de final de etapa para muchos de los peregrinos que realizan el Camino andando, ya que son 22 kilómetros. Nosotros, por eso, continuaremos hasta Pamplona. De esta forma juntamos dos etapas en una. Esa es la previsión que tengo para completar todo el Camino. Si los caminantes emplean una media de treinta días, yo quiero hacerlo corriendo en la mitad. No obstante, no tengo fecha de vuelta, por lo que si necesito más días para hacerlo más descansado, lo haré. Quiero disfrutarlo y empaparme de la magia de cada uno de sus rincones.

Una inmensa muralla nos recibe en Pamplona, final de la primera etapa. Probablemente, la maratón más bonita que haya corrido jamás. Me abrazo con Blay, que ha permanecido a mi lado estoicamente, sin pinchar ninguna rueda. Maravilloso.

Es momento de dirigirse al albergue municipal para coger plaza y asegurarnos un sitio en el que pasar la noche. Ese va a ser uno de mis hándicaps: al realizar más trayecto, puedo encontrarme con albergues municipales ya completos. Esta vez no ha sido el caso, hemos tenido suerte y disponemos de una litera para los dos.

Puedes plantearte realizar el Camino de dos formas: con lo mínimo —presupuesto incluido— o con comodidades. Ambas opciones son igual de válidas y respetables. En mi caso he elegido la más tradicional y austera. Una mochila en la espalda que llevo conmigo en todo momento y un presupuesto muy básico para comer y dormir en albergues municipales, que rondan los 5-10 euros de media.

Pero como digo, existe la opción de hacerlo con comodidades. Existen empresas de transporte de mochilas que se encargan de recoger tu equipaje y llevarlo de etapa en etapa, para que no tengas que cargar con él. También existen albergues privados, y cómo no, hostales y hoteles en los que poder descansar con mayor confort, sin compartir habitación con cinco, diez o cincuenta personas más.

DÍA 2: Pamplona-Estella (45 km). Antes de las 8:00 h de la mañana el albergue se ha vaciado y todos los peregrinos emprenden su marcha. Yo me despido de Blay, que se vuelve con su bici de carretera a Roncesvalles, y me dirijo a afrontar la segunda etapa, algo más de una maratón para llegar hasta Estella. Seguimos en territorio navarro.

«¡Buen Camino!» Es la frase que se repite durante todo el trayecto cuando nos cruzamos con peregrinos. Una forma de darse fuerza y ánimo. Cada persona realiza el Camino por un motivo particular, muchos de ellos en solitario, por lo que existe mucho compañerismo y ganas de hablar con todo el mundo.

El zumbido de los aerogeneradores me indica que estoy coronando el Alto del Perdón, el lugar «donde se cruza el camino del viento con el de las estrellas», texto que puede leerse en la escultura de Vicente Galbete, que allí luce. Una dura subida que realizo regulando el ritmo y que aprovecho, al llegar arriba, para soltar la mochila e hidratarme. Después de intercambiar impresiones y charlar con una familia, que también viene de Barcelona, me dispongo a retomar el sendero en bajada.

Sin casi darme cuenta me planto en Puente la Reina, donde compro algo de comer y me tomo un respiro junto al río Arga. Tengo una sensación de paz interior increíble. No hay prisas, no hay agobios. Termino de almorzar y sigo corriendo.

Este segundo tramo se me hace algo más pesado y tengo que hacer uso, por primera vez, de mi mp3, para tararear canciones de Il Divo mientras me voy acercando a Estella, final de etapa y ciudad donde nació mi abuela, que en paz descanse.

Al llegar a Estella recibo una mala noticia. Blay ha sufrido una caída en la bici mientras volvía a Roncesvalles y se ha fracturado la clavícula. Un jarro de agua fría que me apaga anímicamente. No entiendo cómo una persona tan noble, que ha venido hasta aquí para darme una sorpresa, se merezca un final así en su visita. De verdad que no lo entiendo y me da mucha rabia.

Después de hablar con él por teléfono me quedo más tranquilo y me invita a continuar también por él. Quiere que le dedique parte de este Camino, y eso pienso hacer.

DÍA 3: Estella-Logroño (50 km). Abro los ojos con la sensación de no haber dormido bien. Ha sido una larga noche de gritos y cánticos en la calle, que nos han dificultado el descanso. ¿El motivo? Ha coincidido mi estancia con las fiestas de la ciudad. Cuando a las 22:00 h se apagaban las luces del albergue, recién empezaba la juerga en los bares de la zona.

Con unas ojeras importantes y la cara aún de dormido, salgo del albergue. Lo primero que me encuentro de frente son dos chicos muy jóvenes que están sentados, apoyados en la pared. Al verme, rápidamente se ponen de pie y vienen hacia mí. Tengo un momento de desconcierto hasta que uno de ellos grita: «¡¡Pituuuu!!».

Así me conocen en redes sociales, lugar por el que ambos vieron ayer que estaba aquí alojado y aprovechando el fin de una larga noche, se han acercado para desearme suerte y saludarme. Algo que me deja asombrado y me llena de motivación para afrontar la larga etapa de hoy.

«Peregrino, si quieres llegar a Santiago con fuerza y vitalidad, de este gran vino echa un trago y brinda por la felicidad».

Este cartel me sitúa en la conocida Fuente del Vino, junto al monasterio de Irache. En ella encuentro dos grifos, uno de agua y uno de vino. Así que sin dudarlo, cojo mi vieira y la relleno con vino. Momento de brindar por poder estar donde estoy. Hace apenas una semana que recibí el alta por una fractura de mi muñeca izquierda. Fueron dos meses parado, pasando por una operación, que me hicieron darme cuenta de lo poco que valoramos estar bien de salud. Por eso, hoy brindo por poder hacer lo que más me gusta, y corro por todos aquellos que no pueden hacerlo.

Es llamativo cómo un mal descanso afecta al rendimiento. Hoy me cuesta dar las zancadas y me siento bastante fatigado. Llego a los Arcos y me siento en una zona de reposo, donde hay unas mesas, sillas y un par de máquinas de bebidas. Necesito descansar un poco las piernas y para ello me siento en una de las mesas. Cierro los ojos y me relajo. A los pocos minutos una mujer se acerca a mí para preguntarme, en inglés, si estoy haciendo el Camino corriendo. Le digo que sí y le explico mi reto solidario. Ella es coreana y va acompañada de su familia. Emocionada con mi historia se dirige a ellos para contárselo y vuelve al rato con una lata de refresco de cola que ha comprado expresamente para mí. Me deja perplejo y se lo agradezco, pero le digo que no hace falta, que tengo dinero y que solo estoy descansando. Ella insiste en que es un regalo, y termino aceptándolo. Brindo con ella y su familia, y me despido para continuar. Qué gente tan maravillosa.

Afrontando ya los últimos kilómetros de hoy, las sensaciones vuelven a ser mejores y puedo entrar en La Rioja con una gran sonrisa, a pesar de ser un día gris.

Cruzando Logroño en busca del albergue, entablo conversación con un hombre de avanzada edad:

—Llevo seis años ya consecutivos haciendo el Camino en solitario, desde que una enfermedad se llevó a mi mujer —me cuenta mientras caminamos juntos.

—Vaya, lo siento —le digo.

—A ella le encantaba salir a andar, a mí no tanto. Pero siempre conseguía arrastrarme con ella y hacíamos largas caminatas de la mano. No hay día que no me acuerde de ella. El Camino es una forma de viajar juntos, sé que ella me acompaña durante todo el viaje aunque no pueda sentir su mano cogiendo la mía. Siento su alma y eso es lo que me hace avanzar —me cuenta emocionado.

Su historia me encoge el corazón. No puedo —o no quiero— imaginarme lo que debe ser perder a la persona con la que has compartido toda una vida. Intento aguantar las lágrimas y le doy un abrazo sincero, como si se lo estuviera dando a mi abuelo. Buen Camino para él y para su ángel de la guarda, su mujer.

Llego al albergue y me pongo en la cola de peregrinos que esperan registrarse. Cuando llega mi turno, el joven hospitalero me pregunta dónde he dejado la bici. Entre risas le cuento que mis dos ruedas son mis piernas y enseguida creamos un vínculo de amistad que nos lleva a hablar durante casi treinta minutos sobre diversos temas. Hasta que el hambre empieza a pedirme a gritos alimento.

—¿Sabes de algún supermercado por aquí cerca? —le pregunto.

—Sí, pero no compres nada de comida, porque hay un grupo de peregrinos que ha cocinado cuscús para el resto de compañeros de albergue. Ven que te acompaño a la cocina —me contesta.

Tenía razón. La cocina está llena de gente comiendo y rápidamente soy bien recibido por todos, ofreciéndome comida y haciéndome un hueco en la mesa. Como si les conociera de toda la vida, me uno a la conversación y me dejo contagiar por el buen rollo. La gran mayoría viajan solos y se conocieron en la primera etapa. Llevan ya casi una semana juntos y se nota que son como una gran familia. Esto es muy habitual cuando haces el Camino andando, ya que en cada etapa terminas coincidiendo con la misma gente.

Sin duda es el grupo con el que más afinidad he cogido y no puedo dejar pasar la oportunidad de irme de pinchos y vinos por la tarde con todos ellos. El joven hospitalero pide permiso para venirse con nosotros y no duda en ofrecerme una sudadera suya para que no pase frío.

Se nos echa la noche encima y todo el mundo tiene ganas de seguir pasándolo bien en la calle Laurel. Deberíamos estar antes de las 22:00 h en el albergue, hora en la que se cierran las puertas. Y digo deberíamos, porque contamos con la presencia del joven hospitalero, que tiene una copia de llaves. Empiezan las peticiones para que nos deje alargar un poquito más la noche y ante la presión del grupo termina cediendo y dándonos una hora más de margen. Bueno, en realidad no ha hecho falta insistirle mucho porque está encantado con todos nosotros, viendo cómo las chicas andaluzas del grupo intentan enseñar flamenco a los chicos coreanos también del grupo. Un espectáculo digno de verlo. Me lo estoy pasando en grande.

Se acerca la hora de volver al albergue y el joven hospitalero nos da una directrices para entrar sin hacer ruido. Como si de una película de acción de tratase, o de un asalto al chalet de un mafioso, nos podemos en fila de uno, agazapados, entrando de puntillas y dando por terminada la que ha sido, hasta ahora, mi mejor noche en el Camino.

DÍA 4: Logroño-Santo Domingo de la Calzada (50 km). Hoy me he permitido salir un poco más tarde después de la juerga *light* de anoche. Por el camino me voy encontrando a todas las fantásticas personas que conocí ayer y me da mucha pena despedirme de ellas, pero tengo un objetivo y debo continuar.

El día se va nublando y el viento frío impacta contra mi ropa húmeda por el sudor, calando en mi pecho y haciéndomelo pasar realmente mal. Lo mejor es no detenerse y seguir en movimiento para mantener el calor corporal. Aquí me doy cuenta de uno de los errores que cometí al hacer la mochila: no metí ningún cortavientos. No ocupan apenas espacio y en situaciones como esta te pueden salvar de una buena. Finalmente, decido echar mano de mi chubasquero —el típico de un euro, extremadamente fino— y ponérmelo para que haga de barrera entre el frío viento y mi cuerpo. Funciona, aunque no transpira y a los pocos minutos estoy sudando más de lo habitual. Me sirve para superar un largo sendero sin apenas vegetación, donde estoy completamente desprotegido.

A las puertas de Nájera encuentro un bonito poema que me invita a detenerme y leerlo con atención, olvidándome de las penurias que he pasado unos kilómetros atrás.

Polvo, barro, sol y lluvia
es el camino de Santiago.
Millares de peregrinos
y más de un millar de años.

Peregrino, ¿quién te llama?
¿Qué fuerza oculta te atrae?
Ni el camino de las estrellas
ni las grandes catedrales.

No es la bravura Navarra,
ni el vino de los Riojanos,
ni los mariscos gallegos,
ni los campos castellanos.

Peregrino, ¿quién te llama?
¿Qué fuerza oculta te atrae?
Ni las gentes del camino
ni las costumbres rurales.

Ni es la historia y la cultura,
ni el gallo de La Calzada,
ni el palacio de Gaudí,
ni el castillo Ponferrada.

Todo lo veo al pasar,
y es un gozo verlo todo,
más la voz que a mí me llama
la siento mucho más hondo.

La fuerza que a mí me empuja
la fuerza que a mí me atrae,
no sé explicarla ni yo.
¡Solo el de arriba lo sabe!

Yo no soy creyente, pero esta poesía del párroco Eugenio Garibay tiene mucha razón en cuanto a que todos los peregrinos tenemos un motivo que llevamos muy dentro y que es nuestro motor para avanzar hasta Santiago. Para algunos esos motivos serán más espirituales y religiosos. Para otros los motivos serán más culturales o deportivos. Pero lo que todos tienen en común, es que emprenden un viaje interior y vuelven con una experiencia vital.

Llego a Santo Domingo de la Calzada después de 50 kilómetros, bastante cansado y muy bien acompañado, por Héctor, un joven seguidor que ha venido en bicicleta para pedalear a mi lado los últimos 5 kilómetros. En la puerta del albergue me despido de él y procedo con el ritual habitual de cada día: registrarme, darme una ducha, lavar la ropa, tenderla, ir a comprar al súper, cocinar, comer y descansar junto al resto de peregrinos que comparten hospedaje conmigo.

Como cada día, al terminar la etapa cuento mis sensaciones en redes sociales, donde mucha gente está pendiente de la evolución del reto. Les hago partícipes de todo lo bueno y también de todo lo malo, como por ejemplo, el frío que he pasado hoy en la etapa. Al verlo, una seguidora contacta conmigo para preguntarme por el nombre del albergue. Me avisa de que va a mandar a su padre para traerme algo de abrigo, a lo que yo me niego rotundamente y ella insiste. ¿Es que nunca va a dejar de sorprenderme este Camino?

Un par de horas más tarde la hospitalera pregunta por mí, para que me acerque a la puerta. Allí está el padre de Cris —así se llama la chica que me contactó— con una bolsa en la que me trae ropa térmica de manga larga, una sudadera, unos guantes y un gorro. Me quedo en *shock* porque nunca había vivido tanta hospitalidad como en esta andanza. Creo que mi cara lo dice todo, no puedo estar más agradecido.

DÍA 5: Santo Domingo de la Calzada-Burgos (75 km). Por fin he podido dormir del tirón sin pasar frío. Sin tener que levantarme de madrugada para ponerme los cubrebrazos (manguitos), las perneras y doble camiseta. Gracias a la ropa que ayer me trajo desinteresadamente el padre de Cris, he pasado la mejor noche hasta ahora. Ropa que hoy llevo conmigo, atada a la cintura.

Salgo sin destino fijado, hoy quiero correr a sensaciones y dejarme guiar por mis fuerzas. Cuando me digan «para», me detendré y buscaré algún lugar donde pasar la noche. Es una de las cosas positivas que tiene el no tener nada reservado con antelación, que puedes improvisar sobre la marcha y no quedas atado a nada.

Se levanta el sol al son de mis zancadas, dejando atrás Grañón, último pueblo de La Rioja, y cruzando ya a una nueva Comunidad, la de Castilla y León. El paisaje vuelve a cambiar por completo a medida que me voy adentrando en la meseta castellana. Un clima seco, un sendero infinito y un mar de trigo se convierten en el escenario de mis próximos kilómetros.

Sin duda esta parte del Camino es una prueba de resistencia física y mental para cualquier peregrino. Horas y horas bajo el sol, sin tener ningún aliciente visual que te pueda entretener.

Una pausa en Belorado, junto a un paquete de galletas de chocolate, me devuelve la energía que esta llanura me está arrebatando. Toca ser fuerte y seguir avanzando, aunque sea por inercia.

Miro el reloj y veo que hoy he corrido más rápido de lo habitual, por lo que tomo la decisión de dejar atrás también Agés, con algo más de 50 kilómetros a mi espalda, sobrepasar Atapuerca y seguir hasta Burgos. Tengo que aprovechar que ahora me siento con fuerzas para estirar lo máximo la etapa de hoy y así poder permitirme tener otro día más relajado, bien sea porque me apetezca descansar o porque me vea obligado debido a algún percance. Toco madera para que esto no ocurra.

El río Arlanzón me va dirigiendo hasta el centro de Burgos, donde aparezco ya bien entrada la tarde. Es mi primera visita a esta ciudad y me deja boquiabierto al encontrarme de frente su catedral, declarada Patrimonio de la Humanidad. Todos los dolores después de 75 kilómetros y algo más de nueve horas, pasan a un segundo plano.

Aquello que me temía, termina ocurriendo. A estas horas, el 95% de los peregrinos han llegado a su final de etapa y ya se han instalado en la ciudad. El albergue municipal está completo, así que tengo que buscarme la vida. Hoy en día con el móvil es muy sencillo encontrar alternativas —existen varias aplicaciones y webs dedicadas exclusivamente al Camino de Santiago—, así que me dirijo a un albergue privado cercano, con la misma suerte que el anterior, está completo.

Harto ya de andar, con mucha hambre y ganas de descansar, busco un hotel por el centro y me quedo justo con su última habitación. Cosas del destino, pienso.

Ha sido un día agotador. Prueba de ello es reloj, que se ha quedado sin batería y mi mochila, que se ha agujereado al llevar tanto material comprimido, problema que soluciono tapando los agujeros con mucha cinta americana.

Hoy la recompensa está servida: ducha de hidromasaje, hamburguesa y una cama de matrimonio para mí solo. ¡Y sin usar los tapones!

DÍA 6: **Burgos-Boadilla del Camino (60 km).** Hoy mi mirada no se centra en la catedral sino más bien en mi tobillo. Me he levantado con el tendón de Aquiles inflamado y se convierte en mi mayor preocupación ahora mismo. Apenas llevo un tercio del Camino y acepto pensamientos de abandono.

Sin forzar, con un ritmo conservador, inicio la sexta etapa. El tobillo parece que va aguantando una vez entrado en calor. Anchos campos de girasoles escoltan mi sendero. La estepa se corre con la mente, no dejo de repetírmelo.

Con el almuerzo en una mano y la credencial sellada en la otra — cada día debo sellarla al menos una vez con los tampones que se pueden encontrar en los albergues, Iglesias y muchos otros sitios de interés— me despido de Hontanas para continuar la batalla 1 vs 1 contra las altas temperaturas. La música que suena en mi mp3 me ayuda a romper la monotonía y olvidarme del tiempo y los kilómetros.

En mitad de la nada, aparece una mariposa que vuela a escasos dos metros de mí en la misma dirección. Poco a poco va acelerando el ritmo. Yo intento seguirla, como si de mi liebre se tratara. Tras unos cuantos metros juntos, se desvía y me abandona. No sé si serán alucinaciones como consecuencia del calor, pero siento que ha venido a tirar de mí en un momento de absoluta soledad y cierta debilidad. No sé, cosas mías.

Detengo el reloj en Boadilla del Camino, que marca 60 kilómetros y me sitúa en tierras palentinas. Me instalo en un albergue privado muy bonito con un gran jardín con piscina, donde me cruzo con mucha gente joven, cosa que me sorprende gratamente.

Sentado en el borde de la piscina dejo que mis piernas se sumerjan. El agua está muy fría y me vendrá genial para recuperar la musculatura y bajar la inflamación del tobillo. Allí mismo conozco a un grupo de españoles e italianos con los que cierro otra etapa de este viaje.

DÍA 7: Boadilla del Camino-Terradillos de los Templarios (60 km)
Acompañado por un simpático pastor y su rebaño de ovejas, abandono la localidad con una energía interior notable. Me encuentro bien, con muchas ganas de correr, así que las zancadas se alargan junto al Canal de Castilla.

Sin mucha dificultad llego a Carrión de los Condes, donde ya me habían recomendado con antelación tomarme un respiro para comer y beber, porque luego viene uno de los tramos más exigentes. No por desnivel, pero sí por las condiciones. Son 17 kilómetros en autosuficiencia, así que hago caso y me como dos napolitanas de chocolate y un plátano. Relleno los bidones y salgo con decisión.

De nuevo me veo inmerso en la nada, sin una sombra en la que cobijarme. Ya van más de 15 kilómetros sin cruzar un pueblo y sin encontrar una fuente en la que aliviar mi sed. Tampoco me encuentro a nadie desde hace al menos una hora y el cuerpo me pide azúcar. Al desánimo que siento se suma el mareo provocado por el sofocante calor.

Deambulando por la meseta, como si de un desierto se tratase, empiezo a visualizar edificaciones en el horizonte. El primer lugar al que se dirigen mis ojos es un bar, colocado estratégicamente junto al camino, convirtiéndose en un oasis para los peregrinos.

Entro directo a por un refrigerio bien azucarado, que me bebo allí mismo en la barra de un solo trago, ante la atónita mirada del camarero. Sinceramente, estaba que me caía en cualquier momento.

Con el cuerpo ya recompuesto del bajonazo, completo los últimos kilómetros hasta Terradillos de los Templarios con bastante comodidad. Es llamativo cómo el cuerpo, después de una semana, parece haberse acostumbrado a correr con fatiga y es capaz de responder en estas largas y duras jornadas.

Ah, el tobillo progresa adecuadamente.

DÍA 8: Terradillos de los Templarios-Mansilla de las Mulas (50 km). Salgo a la conquista de una nueva provincia, León, que ostenta el récord de kilómetros de itinerario jacobeo. Supero ya el ecuador de este reto solidario, portando colgada la bandera de Retos por la Fibromialgia. A partir de este instante ya solo queda ir restando kilómetros hasta Santiago. Restar, restar, restar, y si todo va bien, en una semana nos plantamos allí.

Pasado Burgo de Ranero sufro un pequeño percance con uno de los bidones, que empieza a perder agua. El sol no da tregua y a pesar de estar corriendo en tirantes, la sensación de sofoco es horrible. Una vez más, vuelvo a quedarme escaso de líquido.

Por suerte, estoy esperando la presencia de Fernando, un seguidor que está de vacaciones en Mansilla y se ofreció para escaparse de la comida familiar y acompañarme los últimos kilómetros.

Verle aparecer a lo lejos corriendo con un bidón de agua en la mano me da un subidón tremendo y como si de mi salvador se tratara, me lanzo a sus brazos para agradecerle el favorazo. Juntos completamos el último tramo charlando y compartiendo un momento de risas, hasta entrar en la ciudad amurallada de Mansilla de las Mulas.

—¿Qué te apetece comer? —me pregunta.

—Uf, tengo un hambre… me apetece un plato combinado potente, con arroz, huevo, carne y patatas —le digo con cara de felicidad.

Y dicho y hecho, en menos de quince minutos estoy sentado frente a un plato contundente que me quita todos los males.

—Con este *recovery* correría 50 kilómetros cada día —le digo entre risas.

Tras completar mis tareas diarias en el albergue me comentan que va a venir una fisioterapeuta para tratar a aquellos peregrinos que lo necesiten, a cambio de un donativo. El tema de los donativos es también habitual en el Camino, conscientes de que aquí se juntan personas con niveles adquisitivos muy diferentes y cada uno aporta lo que puede. Sin pensarlo dos veces pido turno, me vendrá genial para recuperar no solo las piernas, sino también los hombros, que empiezan a contracturarse por el peso de la mochila.

DÍA 9: Mansilla de las Mulas-León (20 km). Hoy me levanto sin prisas y contento, conocedor de que me espera una etapa de recuperación muy «cortita», de 20 kilómetros hasta la ciudad de León. Recojo todas mis cosas, entre ellas todos mis aparatos electrónicos que cada noche dejo cargando, me pongo la crema solar y la vaselina —en axilas, pezones, ingles y pies—, me visto y salgo de la habitación. Me dirijo al tradicional mueble zapatero donde todos los peregrinos dejan sus botas al llegar al albergue —para evitar que una fatal combinación de olores termine ahogándonos a todos en el cuarto— y ahí descansan únicamente ya mis zapatillas de *running*. Señal que indica que soy el último peregrino en abandonar el refugio.

El tema del calzado me gustaría comentarlo, ya que me impresiona la cantidad de botas de montaña que suelo ver en estos muebles zapatero. Tantas como ampollas en los pies de la gente. Es cierto que ganas sujeción en el tobillo para evitar torceduras, pero son pesadas y dan mucho calor en esta época del año; en invierno ya sería otro tema Yo recomendaría usar unas zapatillas de *trekking* o *trail running*, que sean ligeras y transpirables. Con una talla más que los zapatos de calle que suelas usar a diario, ya que con el calor el pie tiende a hincharse un poco.

Otra de las opciones que también he visto y me parece muy válida, son unas sandalias cerradas, que tengan una suela robusta para senderismo.

Otro de los puntos que tienen mucha importancia, y sin embargo muchos descuidan, son los calcetines. Olvida aquellos de lana o algodón, y opta por unos técnicos, sin costuras y transpirables.

En mi caso, he optado por unas zapatillas convencionales de *running* con buena amortiguación y estoy encantado con la decisión. Además llevo en la mochila unas chanclas para ponérmelas al terminar cada jornada y dejar que el pie respire.

Esta chapa sobre las zapatillas la suelto en esta etapa porque apenas tengo nada que contar de ella. Ha sido un abrir y cerrar de ojos, y ya estoy en León. Un león en León. En menos de dos horas me he plantado en la puerta del albergue, siendo el primero en llegar, y como no, me la he encontrado cerrada. Todavía es pronto así que decido esperar en el bar de enfrente tomando una taza de chocolate caliente con magdalenas. Ya te he dicho que hoy era un día de recuperación, calorías incluidas.

Con la litera asignada me dispongo a conocer la ciudad de la mano de Victoria, una amiga que reside aquí y hace las labores de anfitriona.

Con el mejor helado de León -según su opinión- cierro la novena etapa, con energías renovadas y mentalizado para afrontar todo lo que venga por delante.

DÍA 10: León-Astorga (50 km). Un día más, apuro el desayuno en el albergue hasta que la oscuridad va perdiendo fuerza y deja paso al amanecer. No me gusta salir muy temprano por tres motivos:

• Uno, por intentar respetar las ocho horas de sueño y así mantener un buen rendimiento.

• Dos, para no tener que hacer uso de un frontal y poder disfrutar de los paisajes.

• Y tres, porque las salidas de las ciudades suelen ser algo más complicadas y debes ir muy atento a las marcas del suelo, cosa que se complica en mitad de la noche.

El descanso de ayer, sumado al masaje de antes de ayer, ha surgido efecto y hoy vuelvo a trotar con la fuerza de los primeros días. El cuerpo me pide peregrinar hacia nuevas aldeas del Camino y los 50 kilómetros de hoy ya no me angustian. Mi cabeza ha tomado el rol de ultrafondo y reclama largas distancias. Parece mentira que hayan pasado ya diez días desde que abandoné Roncesvalles corriendo.

He entrado en una rutina en la que el dolor ya no toma protagonismo. Se ha convertido en un actor secundario de una película que llevo mucho tiempo soñando. Solo presto atención a aquello que quiero grabar en mi memoria por el resto de los tiempos: conversaciones con lugareños que dan mucho que pensar, paisajes que te transportan a un estado de paz interior o historias de peregrinos que te dan lecciones de vida.

¿Que me cuesta correr y voy arrastrando los pies levantando polvo? Sí, no puedo negar el cansancio que acumulo, pero al fin y al cabo, sigo avanzando y no me detengo. Con eso me quedo.

A muy pocos kilómetros de terminar la jornada en Astorga, un falso sendero me conduce bordeando una valla hasta la autopista. No tiene salida. Desconozco en qué momento me he despistado —asumo que ha sido un descuido mío—, pero estoy muy perdido. Echo un vistazo al móvil para situarme en el mapa y veo que estoy realmente cerca, solo me separa la autopista.

Finalmente consigo retomar la ruta correcta —irregularidades aparte— y volver a pisar flechas amarillas. De camino me detengo en un campo en el que plácidamente pastan una docena de vacas. Saco el móvil y me dispongo a hacer una de las centenares de fotos que estoy tomando del Camino para poder enseñar el día de mañana a mis nietos, y en el día de hoy a ti. Acto que, lejos de intimidarles, levanta la curiosidad de una, que con seguridad y buenos andares se acerca hacia mí. Momento que aprovecho para agacharme, coger algo de hierba y ofrecérsela en mano.

En el Camino no solo conectas con personas y paisajes, también lo haces con animales. Me resulta tan entrañable que no puedo evitar bautizarla.

—Señora Santiaga, ha sido un placer compartir un rato con usted —le digo.

—Buen Camino, joven —me contesta.

Bueno, en realidad no me dice nada, pero su mirada me lo transmite. Eso, o que sigue esperando más alimento en la boca para evitar agacharse. No sé. Pero le he cogido cariño.

Restamos 50 kilómetros más a Santiago y nos situamos ya en Astorga, con el nivel de combustible bastante bajo. Nada que un buen cocido maragato no pueda solucionar.

DÍA 11: Astorga-Ponferrada (52 km). Durante este Camino de Santiago he conocido a mucha gente. Cada uno con su vida, y muy distintas entre ellas. Pero todos tienen algo en común: esa vida aquí no importa.

En el momento en el que ponemos un pie en el Camino, todos partimos de cero. Quien fueras antes de venir aquí no tiene trascendencia y nadie va a juzgarte por ello. Aquí nadie sabe nada de nadie. Eso es lo bonito del Camino, lo único que importa es todo aquello que ocurre en el trayecto hacia Santiago. Todos somos seres anónimos fuera de nuestro entorno habitual. En cierta manera, el Camino es como un mundo aparte, donde durante unos días puedes encontrar el contexto perfecto para conectar contigo mismo. Tiene magia.

Vuelve la montaña, por fin, a hacer acto de presencia. Hoy es una de esas etapas que exigen poner mucha cabeza y regular el ritmo. A golpe de zapatilla voy ascendiendo hasta llegar a la cumbre del Monte Irago. A 1.500 metros de altitud puedo afirmar que estoy en el punto más alto del Camino Francés, ante la Cruz de Ferro. Una gran cruz que se levanta sobre un montículo de piedras que los peregrinos van depositando a su paso. Como no quiero romper la tradición, lanzo la mía y continúo dirección Manjarín.

Una larga y tendida bajada me invita a lanzarme y a volver a disfrutar del buen *trail running*. El sol va quemando cada vez más hasta hacer desaparecer el líquido de mis bidones. Tengo mucha sed y busco una fuente en El Acebo, sin éxito. Tampoco veo nadie, hasta que se aproxima un ciclista de la zona. Le hago una señal para que se detenga a mi lado:

—Hola, perdona que te pare, pero busco una fuente para rellenar mis bidones —le digo sofocado.

—Aquí no encontrarás ninguna... ¿Desde dónde vienes corriendo? —me pregunta.

—Hoy desde Astorga y voy a Ponferrada —le contesto.

—Una buena kilometrada, sí señor. Mira, pásate el agua de mi bidón al tuyo que yo no voy a beber más —me dice ofreciéndome su bidón.

—No hombre, no quiero dejarte sin. Si me das un sorbo ya te lo agradezco —le digo.

—De verdad te lo digo, yo ya he terminado mi ruta de hoy y en 10 minutos estoy en casa con mi cervecita —me dice entre risas.

—Millones de gracias —le digo mientras hago el trasvase de agua.

—Buen camino campeón, y fuerza —se despide mientras retoma los pedales y desaparece entre las callejuelas.

Cuando todo parece perdido, el Camino siempre guarda un as en la manga para darte lo que necesitas.

Reposando ya en el albergue, empieza a sonar el móvil y la gente empieza a murmurar. «Algo ha pasado», pienso. No puede ser. No, no y no. Un atentado terrorista en mi ciudad, Barcelona, tiñe de sangre el paseo de Las Ramblas. Horror. Mucha impotencia.

Con el corazón dolido les mando mucho amor y paz. Hoy más que nunca toca ser fuertes y gritar bien alto: NO TINC POR (No tengo miedo).

DÍA 12: Ponferrada-O Cebreiro (54 km). Una vez superados los 24 kilómetros hasta Villafranca del Bierzo, empieza la que se considera etapa reina para muchos, y en mi caso, etapa contrarreloj. Tras recorrer media maratón desde Villafranca, los peregrinos deben afrontar una dura subida de 7 kilómetros hasta O Cebreiro. Motivo por el cual mucha gente decide hacer noche antes de esa subida para coger fuerzas y realizarla con calma al día siguiente. Eso, traducido a mi reto, significa que a la hora que yo llegue, es fácil encontrarme con el albergue público lleno. En esa supuesta situación debería valorar la opción de continuar hasta la siguiente aldea o valorar alojamientos alternativos.

De momento prefiero no pensarlo y pararme lo mínimo posible hoy. De ahí lo de que para mí hoy sea una contrarreloj por llegar lo antes posible.

Este exceso de ritmo termina pasándome factura y el isquio derecho empieza a generarme molestias. Me detengo unos segundos a estirar y vuelvo a retomar el trote suave.

Me alcanza una «grupeta» de ciclistas formada por un padre y sus dos hijos. Charlamos un rato aprovechando un tramo de subida y tras confesarle mis molestias no duda ofrecerme un *spray* para aliviar el dolor muscular. La sensación de alivio es instantánea.

—Muchas gracias, seguro que me ayuda a llegar a O Cebreiro —le digo.

—Te voy a dejar una tarjeta mía, si no encuentras sitio en O Cebreiro, llámame. Nosotros tenemos una casa rural a 7 kilómetros de allí con camas de sobras. Serás más que bienvenido Sergio —me contesta.

«El Camino te da lo que necesitas, no lo que quieres». No hay día que pase que no se reafirme esta frase. Yo no tengo palabras para describir tanta solidaridad en el Camino. Sinceramente, no sé si tengo ganas de llegar a Santiago o no quiero que termine esto jamás. Tengo el corazón dividido.

Estoy en plena subida a O Cebreiro. El terreno va picando hacia arriba. Avanzo como si estuviera en un *trail,* manos en las rodillas y con firmeza. Primeras zancadas en Galicia. Primera vez que piso esta tierra. Por el camino voy adelantando peregrinos deseándoles buen Camino.

Con menos dificultad de la esperada, llego a esta pequeña y concurrida aldea.

Me dirijo directo al albergue público, donde puedo observar desde la distancia una larga cola de peregrinos esperando su turno. Me voy temiendo lo peor.

Me acerco al mostrador y puedo observar la libreta del hospitalero prácticamente llena. Momento en el que nos informa de que solo quedan cuatro camas libres. La suerte está de mi lado una vez más, y delante mío solo tengo a dos personas. Hoy duermo en O Cebreiro.

DÍA 13: O Cebreiro-Sarria (40 km). Una densa niebla brota bajo mis pies. Todo lo que puedo ver es un mar de algodón que me separa de la vida real, porque así me encuentro, flotando en una nube. Inmerso en la burbuja del Camino, aprendiendo a escucharme y desprendiéndome de todos los miedos.

Subiendo al Alto do Poio, a 1.337 metros de altitud, conozco a Pedro, un hombre cuya equipación desde el primer momento llama mi atención. Una mochila similar a la mía, unas zapatillas de *trail* y una camiseta de la mítica carrera Behobia-San Sebastián. ¡Este es de los míos, un *corregrino*!

—¿También haces el Camino corriendo? —le pregunto con entusiasmo.

—A medias. Intento correr media etapa y caminar la otra media, que ya tengo una edad —me contesta bromeando.

—Ya tengo compañero para etapa de hoy entonces —le digo sonriente.

—Eso está hecho Sergio —me responde mientras retomamos las zancadas.

Juntos avanzamos por el Camino, como si nos conociéramos desde hace diez años y no hace diez minutos. Pedro se conoce muy bien el recorrido y derrocha conocimiento en cada una de sus palabras. Me empapo de su sabiduría y atiendo expectante a cada una de sus anécdotas. Estamos a menos de 150 kilómetros de Santiago y junto a él el tiempo pasa volando.

Un roble milenario y cientos de huellas anónimas nos dirigen hacia Triacastela, lugar en el que me despido de mi amigo Pedro, que pone fin a su jornada de hoy. Con un abrazo nos deseamos suerte en nuestros respectivos Caminos. Todos estos ratos con personas extraordinarias los voy cargando en la mochila y los llevo conmigo.

Continúo el descenso hacia Sarria, ya en solitario. Tengo muy buenas sensaciones y eso me permite ir disfrutando de cada paso que doy. Puedo permitirme incluso ir más rápido de lo habitual y sentir cómo la suela se quema sobre la tierra de un frondoso bosque verde. Me siento el protagonista de un cuento infantil, con mi mochila, mi sonrisa y en mitad de la selva. Un momento mágico que rematan mis auriculares poniendo la banda sonora de *El libro de la Selva*.

Busca lo más vital, no más
Lo que es necesidad, no más
Y olvídate de la preocupación.
Tan solo, lo muy esencial
Para vivir sin batallar
Y la naturaleza te lo da.

Y aquí estoy, a tan solo dos días de terminar el camino que un día me marqué y que me ha enseñado a conectar con la naturaleza y a olvidarme de preocupaciones, que en muchos casos eran absurdas.

DÍA 14: **Sarria-Palas de Rei (48 km).** Penúltima etapa y para muchos, la primera. Sarria es la localidad elegida por gran cantidad de peregrinos para iniciar su Camino. El motivo es su cercanía con los últimos 100 kilómetros de este, que es la distancia mínima que debes recorrer a pie si quieres obtener la Compostela —200 kiómetros si vas en bicicleta—, que es la certificación de que has cumplido tu peregrinación por motivos religiosos. Si tus razones son otras —por ejemplo, culturales o deportivas— se te entregará un Certificado de Bienvenida.

Desde los primeros metros se nota este incremento de peregrinos en los senderos, llegando incluso a formar pequeños tapones en tramos en los que tenemos que pasar de uno en uno. Es realmente chocante, después de estar trece días corriendo prácticamente solo en la mayor parte del itinerario, pero totalmente entendible, pues es una buena opción para personas que solo disponen de una semana de vacaciones o para familias que se presentan con niños, por ejemplo.

La etapa de hoy es realmente bonita y entretenida, aunque no tengo mi mejor día en cuanto a sensaciones. Me faltan fuerzas, pero así es el ultrafondo, lleno de altibajos que nunca sabes por dónde te van a sorprender.

En este Camino he aprendido a exprimir mucho más mi fuerza mental. Momentos en los que las piernas suplican un alto en el camino y donde no tienes a nadie a tu lado diciéndote que sigas. Solo una cabeza muy dura es capaz de mantenerte en ruta y librarte del desánimo que provoca tanta fatiga.

Con algo más de una maratón y la compañía de un grupo de ciclistas me presento en Palas de Rei. Los cinco nos sentamos en una terraza a tomar un refresco y brindar por la vida. No existe brindis más bonito que ese.

En el Camino todo el mundo viene dispuesto a dos cosas: ayudar y conversar. Nunca te sientes solo y nunca te falta de nada. Hoy en día hay mucha gente a la que le falta realizar un Camino de Santiago en su vida y tomar nota de los valores que aquí se viven.

DÍA 15: Palas de Rei-Santiago de Compostela (70 km). Y llegó el día. El último día. Lleno de ilusión y con una sonrisa imborrable afronto los últimos kilómetros del viaje que ha cambiado mi vida. La belleza de sus rincones y la calidad de su gente se han ganado un hueco en mi corazón.

Cada mañana me he levantado dolorido y fatigado, con ganas de volver a taparme con la manta y decirle al mundo que hoy no me apetece salir allí fuera. Durante quince días me he puesto en la piel de un afectado de fibromialgia para dar a conocer los síntomas de esta enfermedad y concienciar sobre lo duro que es sufrir una enfermedad invisible y que muchos de los ojos que te miran, lo hagan con incredulidad.

En mi Camino ese dolor está justificado con el esfuerzo físico que día tras día he realizado y he recibido cantidad de mensajes de ánimo y apoyo durante esta aventura. Lo único que pido es que se les muestre el mismo afecto a todos aquellos afectados. Se lo merecen, por ser grandes luchadores y no quedarse en la cama viendo la vida pasar.

Por todos ellos sigo mi marcha hacia Santiago. Ya estoy tocándolo con los dedos.

Dicen que hoy es el día más caluroso del año en Galicia, bendita suerte la mía. Doy fe de lo asfixiante que se está volviendo el ambiente a medida que entramos en las horas de mediodía. Como si me golpearan en la cabeza y me patearan las piernas, el cuerpo empieza a flojear gravemente cuando supero los 60 kilómetros de etapa. Una fuerza interior es la que me está empujando hacia mi destino.

Apretando los dientes y sudando como no lo había hecho hasta ahora, llego hasta el Monte do Gozo. Dejo de correr y me detengo. Levanto la cabeza y ahí está. Una increíble panorámica de Santiago me muestra por primera vez las torres de la catedral. El sudor que cae de mi frente se funde con las lágrimas que brotan de mis ojos, que no apartan la mirada de aquel rincón con el que llevo soñando llegar hace tantos días.

Terminando como empecé, corriendo, me adentro en la ciudad de Santiago de Compostela. Con una mezcla de sentimientos bestial. Quiero sonreír porque voy a terminar el Camino y también quiero llorar porque se termina el Camino. Es difícil de explicar. Si lo has vivido, comprenderás lo que siento. Si no lo has vivido aún, te lo recomiendo de corazón.

Suenan las gaitas como música celestial en el pasadizo que da acceso a la plaza del Obradoiro. Una acústica perfecta pone banda sonora al final de mi trayecto. Se me encoge el corazón y se me empañan los ojos al pisar la plaza y ver en vivo la catedral que tantos peregrinos ha visto llorar y reír de felicidad.

El silencio de la plaza se rompe por unos aplausos y gritos que consiguen apartar mi mirada de la Catedral por unos instantes. Y a lo lejos puedo ver, sentados en el suelo, a los ciclistas con los que ayer brindaba por la vida. Voy directo hacia ellos para intercambiar felicitaciones.

Me descuelgo la mochila, que ha aguantado estoicamente envuelta en cinta americana, y doy un beso a la bandera de Retos por la Fibromialgia. He llegado hasta aquí corriendo por todos aquellos que no pueden hacerlo. Me quito las zapatillas y me rindo ante la imponente catedral de Santiago. En ese instante me doy cuenta de que valió la pena luchar y levantarse mil y una veces cuando no podía más. De eso de trata la vida.

• TRANSGRANCANARIA 125 KM (FEBRERO 2018)

Camino bajo un sol que castiga mi cuerpo, con los bidones completamente vacíos, buscando un árbol en el que poder cobijarme a la sombra y recuperar el aliento. Son solo 5 kilómetros en bajada los que me separan del avituallamiento de Ayagaures, en el kilómetro 110, pero siendo que me falta energía. El sueño se hace grande ante mi debilidad y no puedo permitirlo. Me levanto y sigo cuesta abajo, tirando ya del depósito de reserva.

Tras una intensa media hora, aparece en mi camino una cara que me vuelve a dar vida cuando todo lo veía de color gris. Es Blay, que se ha alquilado una bicicleta para poder venir a verme a este avituallamiento. Me apoyo en su hombro, y sin decirle nada, ya sabe cómo me encuentro. Sin saberlo, su presencia inesperada se convertiría en mi salvación.

—Haces mala cara… tienes el avituallamiento ahí delante —me dice.

—Lo he pasado muy mal esta última bajada, necesito azúcar en el cuerpo ya —le respondo mirando al suelo, incapaz de levantar la cabeza.

Entro al avituallamiento directo al surtidor de refresco de cola. Necesito ese chute de azúcar para quitarme ese mareo y volver a despertarme. Aprovecho para comer también dos platos de arroz con carne, sin prisas, viendo cómo la luz se desvanece ante mis ojos para dar paso de nuevo a la noche. Termino de comer e hidratarme y salgo fuera del avituallamiento para sentarme junto a Blay.

Tengo la moral por los suelos. En circunstancias normales pensaría que solo me quedan 17 kilómetros a meta, un breve paseo después de haber recorrido 110 kilómetros de puro *trail*. Pero la realidad es otra. Tras alimentarme, he recuperado algo de fuerza y el malestar ha desaparecido. Pero el problema está en la cabeza. No encuentro un motivo que me haga levantarme y retomar la senda. Pienso que 17 kilómetros andando —ni me planteo el ponerme a correr— pueden llevarme fácilmente tres, cuatro o cinco horas más, en completa oscuridad. En vez de un paseo, se me presenta como una travesía en mitad de una tormenta a bordo de una canoa. Es decir, un viajecito en el que lo voy a pasar de todo menos bien.

Sigo sentado y pensativo, valorando seriamente el abandono. En ese instante puedo oír a Blay hablando por teléfono.

—Dice que no quiere continuar, que está bloqueado —le comenta a alguien—. Dile algo tú porque yo ya lo he intentado sin éxito.

Se acerca con el móvil hacia mí y me dice:

—Toma, es tu hermana.

En ese momento cambia mi cara y cojo el teléfono.

—¿Qué te pasa niño? —me pregunta en su tono habitual.

—Que no puedo más —le contesto.

—Sí que puedes, tú eres fuerte —me dice.

—He sido fuerte cuando en el kilómetro 50 me ha estallado la rodilla y a pesar del dolor he seguido caminando hasta recuperarme un poco. He sido fuerte en el kilómetro 75 cuando se me ha atragantado una subida demencial. Y he sido fuerte para llegar hasta aquí con una pájara tremenda por culpa del calor. Me he levantado demasiadas veces hoy cuando me han intentado tumbar, y mi cabeza no da para más —le digo con gesto de rabia y dolor.

—Bueno, relájate y toma aire. Ahora todo lo que te queda ya es bajada hacia meta. Te entiendo, pero ya has pasado todo lo peor, ahora Blay te va a acompañar y vais tranquilamente juntos andando —me intenta convencer.

—No quiero andar cinco horas más —le digo de forma contundente.

—No pienses en el tiempo ni la distancia. Has superado muchísimos retos con esa cabeza privilegiada que tienes. Cuando parecía que no podías más, siempre resurgías y nos demostrabas a todos que nada te vencía. Quítate ese bloqueo mental que tienes y ve a por la medalla, tienes tu regalo de santo esperándote allí al lado.

A medida que mi hermana va terminando esa frase, yo ya me estoy poniendo de pie de forma inconsciente y me despido de ella agradeciéndole la llamada.

—Cuanto antes salgamos, antes llegaremos —le digo a Blay mientras me coloco el frontal.

Y cuando todo parecía perdido, de nuevo aparecen esas personas que son las únicas capaces de proyectar algo de luz en el pozo en el que estás metido. Retomamos la marcha, sin hablar, concentrado en cada paso que doy. Puedo, claro que puedo, joder. Las piernas siguen avanzando, están dispuestas a luchar hasta la meta. Solo queda convencer a la cabeza de que se puede, y el corazón es el encargado de ello.

Un interminable barranco de piedras, que invita a las torceduras de tobillo, se convierte en el escenario de nuestros últimos kilómetros. Horas metidos allí dentro avanzando como podemos, hasta divisar en mitad de la noche las primeras luces de civilización a lo lejos. Es la señal de que nos acercamos al final de la aventura. Vuelvo a pisar asfalto y no puedo creérmelo. ¡Lo voy a conseguir!

Perdonad que me emocione, pero tengo que soltar mucha rabia acumulada para dejar hueco a la alegría de estar a punto de cumplir un nuevo sueño. Estaba inmensamente ilusionado con este reto, aun siendo conocedor de su magnitud, y las voces de los dos *speakers* a lo lejos entran en mis oídos como si fuera música celestial. Piso la alfombra roja bailando, sonriendo y dirigiendo mi mirada hacia ese arco en el que se puede leer bien grande: «Una meta, un sueño».

—Hey, hey, hey. Eso es llegar con alegría, Sergio, enhorabuena. ¡Bienvenido! —grita uno de los *speakers*.

-¡Finisher de los 125 kilómetros, enhorabuena! —exclama el otro *speaker* mientras choca mi mano.

Ojos vidriosos y brazos en alto bajo el arco de meta para celebrar este nuevo sueño cumplido. Con 125 kilómetros encima y después de casi 24 horas en las montañas de Gran Canaria, por fin puedo quitarme la mochila, tumbarme en el suelo y besar una de las medallas más caras —a nivel de esfuerzo— que he conseguido.

—¡Qué grande eres, hermano! —me dice Blay tras un intenso abrazo.

—Gracias por tirar de mí, pensaba que no llegaría hoy. Estaba muy jodido en aquel avituallamiento —le digo desde el corazón.

—Nunca te había visto tan mal, pero vuelves a demostrar que tienes una cabeza que puede con todo —me contesta.

—Recuérdame que no vuelva a apuntarme a una Ultra nunca más —le digo con una sonrisa.

—Ahora dices esto y el año que viene estás de vuelta, ya verás —me contesta riendo.

• CAMÍ DE CAVALLS 185 KM, LA VUELTA A MENORCA (AGOSTO 2018)

Aparecen los primeros rayos de sol del día, señal de que llevo ya más de veinte horas corriendo por este sendero histórico de Menorca, conocido como Camí de Cavalls. He superado ya 110 de los 185 kilómetros que conforman este camino. El reto va bien encaminado, pero me siento falto de energía. No es de extrañar, ya que he pasado una noche sin dormir y con náuseas y vómitos, seguramente provocados por un golpe de calor al estar expuesto tantas horas al sol. Claro que, a quién se le ocurre afrontar un reto de semejante envergadura un 7 de Agosto de 2018, a 35 grados a la sombra…

Una de esas ideas de bombero que suelo tener de vez en cuando, pero con un fondo solidario que se convierte en el motor para derribar cualquier obstáculo que se interponga. Hoy volvemos a correr por la fibromialgia, buscando crear mucho ruido en redes sociales y medios locales, para dar a conocer esta enfermedad. Una vez más, lo hemos conseguido: hoy se habla de esta enfermedad en el periódico y en la televisión de las islas.

Mi estado no es bueno, pero me vigilan y controlan de cerca mis dos grandes amigos —que más que amigos son hermanos— Blay y Raúl. Y con ellos, Lidia, una amiga autóctona de la isla que conoce todos sus rincones. Entre los tres se van turnando para que siempre haya una persona corriendo a mi lado, mientras los otros dos esperan en puntos estratégicos con el coche para avituallarme.

La humedad y el calor están siendo mis mayores enemigos. Sudor a chorros que me empuja constantemente hacia la deshidratación. Troto junto a Blay, que me da una rebanada de pan para que poco a poco vaya volviendo a abrir el estómago. Raúl se sitúa con el coche a nuestro lado, acompañándonos con la ventanilla bajada.

—¿Estás bien? ¿Te encuentras mejor del estómago? —me pregunta preocupado.

No me salen las palabras. Estoy bastante fundido y le hago un gesto para decirle que me encuentro regular.

—Come sin empacharte, para que vaya absorbiendo el cuerpo poco a poco alimento, ¿vale? Sobre todo beber y beber a saco —me dice desde el coche.

Sigo sin tener fuerzas para hablar. Con gesto serio sigo trotando y ganando terreno. Solo se oyen nuestros pasos y el motor del coche. No hay nadie más. La única compañía —muy mala— es un sol de justicia que cae a plomo sobre mi cuello. Termino sacándome la camiseta. Y continúo.

—Muy bien tío. Un día precioso hoy. Un día precioso para conseguir el reto —dice Raúl desde el coche en un intento de desbloquear todos los pensamientos negativos de mi cabeza.

El tiempo avanza, hasta que sobrepasamos las 24 horas, mi mayor tiempo en carrera hasta ahora. Este desafío supone entrar en una nueva zona de ultrafondo, hasta ahora desconocida por mí, acumulando más de un día entero en activo sin dormir. De momento el tema sueño lo llevo bien, el sol se encarga de mantenerme despierto, y jodido.

Tras casi veintiséis horas y 135 kilómetros aparecen dos buenos amigos de la isla, Javi y María, con comida para resucitar mi cuerpo, que ahora mismo está para retirarse al banquillo. Arroz con atún y soja, sandía fresca, refresco de cola y mucho hielo. Bendito hielo.

—Esta mañana cuando me he despertado, en vez de pensar en mi rubia, he pensado en ti. Es la primera vez que me pasa, ¿eh? —me suelta Javi.

De la risa casi escupo la sandía. La verdad es que se agradecen estas visitas que traen aire fresco, cuando todo el equipo llevamos tanto cansancio acumulado.

Arrancamos a correr y Javi me pregunta qué es lo que más me apetece ahora mismo, a lo que rápidamente contesto: un Calippo (uno de esos helados de hielo con sabor a fresa). Automáticamente coge el móvil para hacer una llamada y tenerme preparado uno en el próximo avituallamiento. Qué forma de motivarme… más efectiva.

Las visitas de amigos se siguen sucediendo. Cris aparece con un buen arsenal de melón —el mejor que he probado en mi vida— y Óscar se convierte en nuestro guía en la segunda noche del reto.

Y justo cuando encaramos la parte final y parece que me estoy recuperando, un nuevo problema. Se presentan en mis ingles unos sarpullidos, frutos de alguna reacción, suponemos que por culpa del sudor, la vaselina y el roce de las mallas. El dolor es inaguantable. Cambio tres veces de pantalones para ver cuál me minimiza el dolor, pero no hay forma. Si pudiera correr en pelotas, ahora mismo lo haría. No soporto el roce de las heridas con el pantalón. Lloro a cada paso que doy, hasta que Cris —que es enfermera— consigue unos apósitos de gran tamaño para colocar en las ingles. Esto supone un alivio enorme —por no decir mi salvación— y voy directo a completar este duro y maravilloso Camí de Cavalls.

Después de 38 horas y de haber dejado atrás numerosas calas paradisíacas, barrancos, valles, torrentes, faros y rincones de ensueño, reaparecemos en Ciutadella, donde todo empezó. Extiendo la bandera de Imheart —Retos por la Fibromialgia— en el suelo, y me arrodillo sobre ella para besarla. Momento en el que cae del bolsillo de mi mochila una pulsera. Esa que Javi en el kilómetro 70 me hizo recoger del suelo, entre risas, porque decía que me iba a dar suerte.

—Si no es por esto, yo hoy no acabo —digo con la voz entrecortada señalando la bandera.

• HALF MARATHON DES SABLES DE FUERTEVENTURA, CONQUISTANDO EL DESIERTO (SEPTIEMBRE 2018).

El fuerte sonido que sacude mi tienda de campaña y las gotas de agua que caen en mi cara por culpa de la condensación, terminan despertándome en el segundo día del Half Marathon des Sables de Fuerteventura (HMDS), una carrera por etapas -con un total de 120 kilómetros a pie- que transcurre entre el desierto y el océano. Es mi primera prueba en autosuficiencia alimentaria, esto significa que cada corredor carga con una mochila en la que lleva toda la comida necesaria para aguantar los cuatro días que dura esta. Además, debemos cargar con todo el equipamiento personal. Os detallo aquí el *check-in* de todo el material que traigo para esta prueba de resistencia, y que tengo que cargar a diario en mi espalda mientras corro. Una pista: llevamos solo una etapa y ya tengo contracturas en los hombros.

— Mochila de 20L.
— Bidones con capacidad de dos litros de agua.
— Saco de dormir.
— Esterilla hinchable.
— Cazo y hornillo plegable para cocinar.
— Pastillas de combustión.
— Ropa de recambio.
— Un frontal con pilas de repuesto.
— Una manta de supervivencia.
— Un espejo señal de supervivencia.
— Un silbato.
— Una pequeña navaja.
— Un antiséptico para la piel.
— Un mechero.
— Una cuchara de madera.
— 10 imperdibles.
— Un tubo de protección solar.
— Protección labial.
— Un botecito de vaselina.
— Chanclas.

— Tapones para los oídos.

— Apósitos contra rozaduras y esparadrapo.

— Papel higiénico y toallitas refrescantes.

— 100 euros en efectivo.

— Móvil.

— Cámara de acción pequeña.

— Batería extraíble.

— Libro de ruta.

— Comida para toda la prueba, con un total mínimo de 8.000 kcal.

Las comidas principales que llevo son liofilizados. Es decir, alimentos que han sido congelados y descongelados pasando por el vacío y a presión atmosférica baja. Este método de conservación permite guardar alimentos durante una larga temporada, sin perder nutrientes y con un peso muy ligero, que es lo que buscamos en esta carrera. Aparte de estas comidas que se preparan fácilmente con agua caliente en el hornillo, llevo algo de proteína en polvo, recuperadores, pastillas de sal, algún gel energético, galletas saladas, galletas de chocolate, jamón serrano —a modo de recompensa al terminar cada etapa— y chucherías. Todo bien organizado y comprimido en bolsas de plástico con cierre zip. Llevo calorías de más, con el peso que eso supone. Pero no quiero pasar hambre, lo detesto.

Lo único que no cargamos nosotros son las tiendas de campaña, que las provee la organización, y el agua. Cada día nos dan una garrafa de cinco litros al terminar la etapa, que nos debe durar hasta el primer avituallamiento del día siguiente. En cada uno de los puntos de control de la etapa —cada 10 kilómetros aproximadamente— nos sirven dos litros para cargar nuestros bidones, que deberemos gestionar muy bien.

Hoy es la etapa reina del Half Marathon des Sables. Son 66 kilómetros que nos van a llevar desde la arena de la playa a las montañas rocosas, pasando por tramos de auténtico desierto. Mientras desayuno en la tienda de campaña algo de muesli de frutas, intercambio impresiones de lo que hoy nos espera con mis compañeros de vivaque, entre los que se encuentra Chema Martínez, que se está disputando el liderazgo con el peruano Remigio Huamán. Todos estamos con bastante inquietud por saber lo que nos espera. Sabemos que será un día duro.

Mi lucha es completamente distinta a la de los de cabeza de carrera. Yo vengo a terminar en las mejores condiciones posibles y a ver cómo responde mi cuerpo a una prueba de estas características por etapas. El tema de dormir en una tienda de campaña, alimentarme a base de comida liofilizada, correr por el desierto, cargar con una mochila de unos 7-8 kilos... todo es nuevo para mí y será un gran test para afrontar en un futuro la mítica prueba del Marathon des Sables de Marruecos, con el doble de días en el desierto y el doble de distancia.

La etapa de ayer fue una presentación de lo que nos espera en esta isla y en esta prueba. 25 kilómetros en dos horas y media. A puto tope como se dice vulgarmente. Mal por mi parte, porque hoy, que es la etapa de 66 kilómetros, la afronto con una carga muscular innecesaria; debería haber regulado un poco más el ritmo ayer. Pero ya sabéis cómo va esto, te pones un dorsal y te olvidas de toda la teoría, solo quieres correr, correr mucho.

Es la primera vez que vengo a la isla de Fuerteventura y ya me ha ganado el corazón. He descubierto la combinación perfecta entre arena y mar. Unos paisajes volcánicos y desérticos capaces de atraparte y dejarte embobado mirándolo todo. No es de extrañar que esta Reserva de la Biosfera haya sido escenario del rodaje de películas como *Han Solo: una historia de Star Wars* o Éxodus. Ayer mismo, disputando la primera etapa, me sentí protagonista de una película al verme rodeado de arena blanca, acantilados y un agua color esmeralda. Brutal.

Situados ya en la línea de salida, me deseo suerte con mis compañeros de campamento y arrancamos a todo trapo con la gran etapa reina. Rápidamente el recorrido nos lleva por desfiladeros que me dejan con la boca abierta. El calor aprieta desde primera hora de la mañana, calentando los bidones de agua que llevo en el pecho y empapando en sudor toda mi ropa. La humedad es bestial y dosificar los dos litros de agua que llevo encima se convierte en una tarea compleja.

Tras más de una hora trotando por la orilla de una playa virgen llego con la boca seca al segundo punto de control, donde puedo, por fin, rellenar los bidones. Me siento fuerte, poderoso sobre la arena, subiendo mejor que nunca las montañas y dejándome llevar con las alas desplegadas en las bajadas.

Paso por el kilómetro 30. Siento un ardor en la planta del pie derecho, que se va acentuando en el tiempo. Siento que lo tengo en carne viva y cada zancada es como pisotear un puñal que se clava muy hondo. Ya me lo advirtieron, las rozaduras en esta prueba pueden convertirse en tu peor pesadilla. Y vaya si lo están siendo. Esta mañana me he vendado los dedos con esparadrapo y los he untado en vaselina, pero no ha sido suficiente para prevenir las ampollas. El excesivo calor en los pies, con las polainas puestas —que no transpiran apenas, pero que son vitales para evitar que entre arena en la zapatilla—, me está amargando la existencia en este momento de la etapa. Ahora maldigo no haberme traído uno de esos calcetines de dedos, que un buen amigo —experimentado en carreras por el desierto— me recomendó. Como nunca he tenido problemas de pies, pensé que sería innecesario. Pues ahí lo llevo, por novato, «desérticamente» hablando.

El sol sigue escupiendo fuego sobre mi cabeza, que intento refrescar con la poca agua que me queda. Entro en esa fase crítica en la que el sufrimiento es mayor al disfrute. La mirada es incapaz de deleitarse con los paisajes y solo busca una carpa blanca en el horizonte, la del siguiente punto de control. Llevo ya una maratón en el infierno y de nuevo toca ascender hasta lo alto de una montaña para volver a bajar luego hasta la playa de Cofete. Paso a paso, voy ascendiendo en solitario. No veo corredores a mi alrededor. El calor es insufrible y la cabeza se me empieza a ir. Decido tomar una decisión, buscar algo de sombra —misión prácticamente imposible— y esperar ahí a que pase algún corredor/a con el que juntarme. Junto a un pequeño muro de piedras, suelto la mochila y me siento mientras me mojo la cara. Pasan los minutos y sigue sin cruzarse nadie en mi camino. Me repongo un poco del bajón y sigo caminando hacia arriba. Cabeza agachada, no quiero ver todo el desnivel que me queda por luchar.

Minutos más tarde, las piernas vuelven a flaquear y las pulsaciones van demasiado rápidas. Mi respiración es agitada y me siento en una piedra con las manos en la cara. Esto está siendo mucho más duro de lo que podía llegar a imaginarme. Por fin oigo voces a lo lejos. Miro y veo a cuatro corredores que se aproximan caminando juntos.

—¿Te encuentras bien chaval? —me pregunta el más veterano del grupo.

—Estoy un poco mareado —le contesto.

—Vente con nosotros, que vamos andando juntos. No te quedes aquí solo —me dice haciéndome un gesto para que les acompañe.

Me pongo en pie, a la cola del grupo y sigo su marcha. Los repechos parecen interminables y se me escapa el grupo por momentos. Tengo que parar a coger aire, apoyado sobre mis rodillas y con los ojos cerrados. Respiro. Siento una mano en el hombro y levanto la cabeza.

—Vamos, ya estamos casi en el avituallamiento. Vamos todos juntos tranquilamente —de nuevo es el mismo hombre.

—No os preocupéis, id tirando vosotros que os estoy cortando el ritmo —le digo.

—Aquí estamos para ayudarnos y no nos va de un minuto más o menos, vente —me contesta.

Tras una larga bajada llegamos al avituallamiento, donde les agradezco de corazón la ayuda y dejo que se marchen. Yo me siento en una de las sillas para beber y comer algo, mientras veo llegar a la primera corredora, que apenas está un minuto y sale corriendo. Yo permanezco sentado a la sombra, dejando que el reposo me devuelva las pulsaciones a su sitio.

De repente, aparece mi amigo Nico corriendo, muy nervioso y pidiendo que le rellenen los bidones rápido. A los pocos segundos aparece Yolanda, que va segunda y le veo muy fuerte. Va decidida a atrapar a la primera. Automáticamente me cuelgo de nuevo la mochila y salgo corriendo junto a ellos dos, hasta llegar de nuevo a la playa interminable; así la he bautizado después de recorrerla en el tramo de ida. Duros y largos tramos de arena nos esperan por delante. Nico y yo terminamos cediendo al ritmo de Yolanda, que termina atrapando a aquel grupo de cuatro que anteriormente me habían ayudado a mí.

Tanto Nico como yo estamos en las últimas. Escasos de agua y con un agobio constante por el calor. Mojamos nuestras gorras continuamente para intentar combatirlo, y seguimos avanzando en silencio, deambulando por la orilla. En nuestro camino nos cruzamos con un corredor que se está cocinando algo después de haberse dado un baño en el mar. Cada uno combate esta exigente etapa como puede.

Con mucho aguante conseguimos completar de nuevo el trecho de playa. A la ida lo he completado corriendo al trote, pero en la vuelta prácticamente me he ido arrastrando. Las fuerzas han caído en picado. Tras coronar la última rampa del día, encontramos un vehículo de asistencia aparcado, cuya sombra se convierte en nuestra mejor protección contra el sol. Tumbados en el suelo, cerramos los ojos e intentamos oxigenar nuestras mentes, que piden a gritos un abandono. Pero no podemos permitirlo. Da igual el tiempo y la posición, simplemente tenemos que llegar para poder seguir disfrutando de esta hazaña en el desierto.

Después de abrir uno de los paquetes de jamón serrano que llevo en la mochila e hidratarnos bien en el último punto de control, vamos decididos a intentar terminar la etapa. Sorpresa en mayúsculas cuando aparece por detrás nuestro Maigualida, mi buena amiga y vecina en el campamento. Con ella llega la alegría y nos devuelve las ganas de luchar.

Cae la noche en la isla y empiezan a brillar los frontales. De nuevo recuperamos las risas y el buen rollo, conocedores de que estamos a punto de llegar al final de este dramático día. Tras casi once horas cruzamos la meta juntos y nos fundimos en un abrazo de tres. Hemos estado muy cerca de tirar la toalla y en el campamento todo el mundo comenta la dureza de la etapa de hoy. La noche será muy larga para muchos de los corredores que aún siguen batallando en mitad de la oscuridad. Toda mi fuerza para ellos.

Al día siguiente, día de descanso, nos enteramos de que más de sesenta participantes tuvieron que abandonar la etapa reina, en su mayoría debido a golpes de calor. Señal de lo duro que es correr en un terreno con estas condiciones climatológicas.

Sin duda, lo mejor del día de descanso fue tumbarse en una especie de sofás hinchables y disfrutar de un refresco de cola que la organización nos ofrece a cada corredor para llevarnos algo frío a la boca. Una clase de estiramientos, unas rondas de chistes y una visita al centro médico para curar las ampollas. No hay mucho más que hacer en mitad del desierto, aunque la experiencia está siendo brutal. Me siento como cuando de pequeño me iba de colonias en verano. La misma sensación, todo el día de cachondeo y conociendo gente llegada de multitud de países.

La tercera y última etapa fue para disfrutar y poner el broche de oro a este nuevo reto. Con una mochila que ya pesaba la mitad —al ir quitando toda la comida de días anteriores— y con unas piernas renovadas tras la etapa de descanso, pude dar de nuevo el 100% para completar una experiencia que ya sueño con repetir. He tomado nota de todos los errores cometidos y me llevo un aprendizaje muy valioso de Fuerteventura.

Próxima parada: las dunas de la Marathon des Sables de Marruecos.

• 24 HORAS CORRIENDO EN UNA PISTA DE ATLETIS-MO (DICIEMBRE 2018).

El frío gélido, el tartán azul y el pitido constante que se oye de fondo, cada vez que un corredor pasa por la meta de la pista de atletismo de Can Dragó, en Barcelona, nos indica que un año más estamos en uno de los eventos de ultrafondo más reconocidos internacionalmente: las 24 horas de atletismo en pista.

Somos 150 corredores los que afrontamos las 24 horas de forma individual por las calles exteriores de la pista, acompañados por otros tantos equipos de relevos, que corren por los carriles interiores. ¿El objetivo? Dar el mayor número de vueltas posible a la pista, acumulando un buen puñado de kilómetros en las piernas. Y sí, podemos parar lo que necesitemos. Podemos dormir incluso si lo necesitamos, aunque no es la idea. Pero claro, cuanto más paramos, menos distancia recorremos. Eso es así.

Esta es mi quinta participación en esta prueba solidaria, en la que ya he corrido dos veces la prueba de 12 horas y dos veces la de 24 horas. Desde 2014 no he fallado ni un año a esta cita. Para mí ya es una tradición terminar el año en esta pista de atletismo, antes de relajarme y disfrutar de las Navidades.

La pista se divide en tres tramos. En la recta de meta tenemos la alfombra que registra nuestras vueltas gracias a un chip que llevamos en el tobillo. Contamos además con unas pantallas en las que podemos ver en directo la clasificación, número de vueltas y kilómetros acumulados.

En una de las curvas de la pista está el avituallamiento que la organización pone a disposición de los corredores, con algo de fruta, frutos secos, galletas, chocolate, chucherías, agua, refrescos de cola y bebidas isotónicas. Además, por la noche nos sirven pasta recién hecha y caldo caliente. Estamos bien cuidados, como podéis observar. También disponemos en esta misma curva de dos baños portátiles para usarlos cuantas veces necesitemos.

En la curva contraria, están todas las carpas destinadas a los que corremos las 24 horas individuales. Cada ultrafondista tiene su espacio con una mesa para colocar toda la comida y suplementación que necesite para la prueba, con sillas para que puedan descansar allí también los acompañantes. En una de esas mesas luce la bandera de Retos por la Fibromialgia, nuestra zona de descanso para aquellas pequeñas paradas que necesitemos hacer durante el día y la noche.

—¿Qué te pasa que tienes esa carita? —me pregunta mi amigo Eneko mientras trota a mi lado.

—Que llevo 130 kilómetros, y voy a luchar las siete horas que quedan todo lo que pueda —le contesto con gesto de esfuerzo en la cara.

—Ahí, ahí, que no decaiga el ánimo, que no decaiga. Paso a paso.

—Cabeza dura. Las piernas duelen, pero la cabeza es más dura…

—¿Eres un poco cabezón?

—Mucho. Cabeza ordena y piernas obedecen.

—¿Y el corazón que hace?

—El corazón empujará al final lo que haga falta para conseguirlo.

—Y entre todos sumaremos muchos kilómetros, porque no estás solo en esto. Ánimo campeón.

Las 24 horas en pista se corren un 70% con la cabeza y un 30% con las piernas. Hay que estar muy bien preparado psicológicamente para aguantar tanto tiempo dando vueltas de 400 metros, donde ni el terreno ni el paisaje cambian, y donde los minutos se hacen eternos.

Sin duda, mis dos peores enemigos son el sueño y la fatiga. La combinación de ambos durante la madrugada se convierte en un cóctel explosivo, capaz de mandarte a la carpa a sentarte o tumbarte para poner el cuerpo en reposo, y en ocasiones, acabar durmiendo. Me pasó la primera vez que debuté en las 24 horas (en 2016). A las cinco de la mañana mi agotamiento era extremo y el frío calaba en mi cuerpo. Decidí sentarme un rato en la carpa, tapado con mantas, con la intención de descansar quince o veinte minutos. El desenlace lo podéis imaginar, acabé durmiendo una hora y media. Recuerdo que me desperté, miré el reloj y al ver el tiempo que había pasado me entró un agobio que me hizo levantarme de la silla de golpe y ponerme a correr de nuevo. El año siguiente directamente me prohibí a mí mismo acomodarme de madrugada, y eché mano de una conocida bebida energética con cafeína para mantenerme despierto. Funcionó y pude batir mi récord de kilómetros acumulados (165).

Son las diez de la mañana y estoy KO. Tengo las piernas destrozadas y troto como puedo. Intentando adoptar nuevas posturas y cambiar la zancada para seguir avanzando. Llevamos veintidós horas en pie dando vueltas, intentando encontrar distracciones con las que sobrellevar esta lenta tortura. Me entretengo mirando al público que llega y se va de la pista durante todo el día, saludando a familiares y amigos, escuchando música en mi mp3 o conversando con otros corredores. Además, este año tengo la suerte de que Raúl también está participando, con lo que compartimos tanto buenos como malos momentos en el mismo terreno de juego.

El tiempo avanza y el desgaste físico se va agravando progresivamente. También el mental. Llega un punto en el que la cabeza se satura y es conveniente sentarse cinco o diez minutos para no pensar en nada y oxigenarse. Las primeras horas pasan relativamente rápido y los primeros 50 kilómetros se recorren de forma más o menos cómoda. Pero a partir de ahí, el dolor muscular se convierte en un compañero de viaje que ya no desaparece. Aprendes a convivir con él en la pista y te adaptas para seguir sumando vueltas, aunque sea caminando. Aunque no lo parezca, se marcan grandes diferencias entre aquellos que deciden sentarse a descansar y aquellos que los hacen caminando tranquilamente por la pista.

Pasando por delante de las carpas de los atletas se pueden observar banderas de distintos países. La presencia internacional prácticamente iguala a la local. Reino Unido, Francia, Brasil, México, Argentina, Finlandia... ultrafondistas llegados de todos los rincones del mundo se dan cita en este prestigioso evento, que forma parte de la International Association of Ultrarunners (IAU). Esto es un reclamo para que muchos corredores de larga distancia vengan a intentar obtener una buena marca que les acredite para participar en la prueba reina del ultrafondo: la Spartathlon.

La Spartathlon es un Ultramaratón de 246 kilómetros que se celebra desde hace 35 años entre las ciudades griegas de Atenas y Esparta, inspirada en el relato del historiador griego Heródoto. Este narró el viaje a pie que hizo el mensajero Filípides entre ambas ciudades, para pedir ayuda en la Batalla de Maratón. Actualmente este evento se ha convertido en la meca de los mejores *ultrarunners* del mundo, que disponen de 36 horas para intentar completar el recorrido; apenas un tercio lo consigue cada año. Una carrera mítica que forja héroes o los derrumba. No hay punto intermedio. Y sin duda, es uno de mis mayores sueños: convertirme algún año en Finisher de esta legendaria prueba, y compartirlo con todos vosotros.

Sigo dando vueltas sin dejar de mirar el reloj. Se va acercando el momento más esperado. El público se agolpa a ambos laterales de la pista de atletismo. Y por fin, suena bien alto por megafonía:

Tonight, I'm gonna have myself a real good time
I feel alive
And the world I'll turn it inside out, yeah
And floating around in ecstasy
So don't stop me now
Don't stop me
Cause I'm having a good time, having a good time

Esta mítica canción de Queen indica que estamos a punto de finalizar las 24 horas corriendo. Cada año suena minutos antes de terminar —como una tradición—, provocando una aceleración repentina de mis piernas y haciendo desaparecer todos los dolores de golpe. El público anima entregado y muchos extienden sus manos para que se las choquemos. ¡Subidón máximo! Como dice la canción: «no me detengas ahora».

Termina la canción y automáticamente suena la bocina. ¡MEEEC! Son las 12:00 h en punto. ¡Lo hemos vuelto a conseguir! Me abrazo con Raúl y con todos los compañeros de pista que han luchado un día entero por su objetivo. El público invade los carriles centrales de la pista y crea un estrecho pasillo por el que desfilamos todos los atletas que hemos salido victoriosos de la batalla contra el tartán. Se respira un ambiente solidario y de compañerismo increíble, que hace que cada año haya más gente interesada en vivir esta gran y loca experiencia. Finalmente han sido 172 kilómetros, mi récord personal hasta el momento. Pero hay algo que tengo muy claro y es que no me conformo. Quiero superarme. Nos volveremos a ver las caras el año que viene.

Unas veces se gana y otras se aprende

En cuanto mis zapatillas pisan el suelo del paseo marítimo de Badalona, los fantasmas de mi cabeza desaparecen. El grupo que nos acompaña grita de emoción y levanta los brazos, celebrando el fin de una etapa más del camino. Las sonrisas se abren paso entre la gente que pasea junto a la playa y recibimos las primeras felicitaciones. Por unos instantes los dolores musculares me abandonan, mi cabeza recibe tantos estímulos positivos que desconecta el cable del dolor y enchufa el de la euforia.

—Nuestra segunda casa tío —le digo a Raúl mientras avanzamos hacia el avituallamiento.

—Ya ves, la de veces que hemos corrido por este paseo. Aunque nunca tan cansados me parece. Estoy reventadísimo —contesta entre risas.

—¡Bua! Mira cuanta gente hay ahí al fondo —le grito a Raúl mientras señalo al avituallamiento que asoma en el horizonte.

—Brutal, simplemente brutal. Mira, la piel de gallina —me contesta mostrándome su brazo.

Escoltados por más de veinte corredores llegamos al último de los avituallamientos, donde a ojo puedo contar más de cuarenta personas aquí reunidas. Vemos caras conocidas por todos lados y nos sumergimos en un mar de abrazos y felicitaciones. Pierdo la noción del tiempo mientras sigo dando abrazos y compartiendo palabras con unos y con otros. Puedo oír a Raúl reír, lo veo también compartiendo conversaciones con todo el mundo. Cuando creo que no me he dejado a nadie por saludar, aprovecho para acercarme a la autocaravana —que está aparcada a escasos cien metros— e ir al lavabo. Voy solo, andando, con la mente en blanco. Me detengo por un instante y volteo la cabeza para volver a ver toda la multitud reunida en Badalona. Desde la distancia aún impresiona más. Qué pasada. Retomo mi camino hacia la autocaravana y me encuentro a parte del equipo cocinando unas hamburguesas. El olor es espectacular, y en circunstancias normales me hubiera abalanzado sobre ellas para devorarlas, pero siento que mi estómago ha «echado la persiana». No me apetece comer nada, y eso no es buena señal en un reto de tan larga duración. Es como querer recorrer el mundo en furgoneta, pero con el tapón de la gasolina obstruido.

Entro al lavabo, y mientras procedo a evacuar líquidos empiezo a sentir un bajón energético importante. No haber dormido apenas la noche anterior también empieza a acusarse en mi cuerpo, que está pidiendo el final del partido. Termino y aprovecho para beber un poco de agua antes de salir de la autocaravana, y vuelvo tranquilamente hacia el avituallamiento. Tengo la sensación de que el público se ha multiplicado. Veo mucha gente vestida de deporte. Al llegar descubro que justo esa noche —es decir, en unas horas— se celebra una conocida carrera en esta ciudad, y por ello muchos corredores —conocedores de nuestro reto solidario— han decidido acercarse a mostrar su apoyo. Desconocíamos totalmente que había una carrera nocturna justo hoy aquí, pero esta bonita casualidad, a Raúl y a mí nos da la vida. Felicitaciones y abrazos se suceden durante unos minutos más. Llamo a Raúl para hacernos un *selfie* que posteriormente cuelgo en redes sociales para dar a conocer que estamos a un paso de finalizar este camino por la fibromialgia. Dos sonrisas de oreja a oreja en el mismo marco. Dos almas gemelas con un mismo sueño. Raúl me dice que tampoco se encuentra muy fino y nos sentamos en un banco que hay justo al lado. Momento en el que se me acerca José:

—Cómo te encuentras —me pregunta sin dejar de sonreír.

—Uf, bastante cansado, con ganas de terminar —le contesto mientras seco el sudor que cae por mi frente.

—Ahora es momento de disfrutar tío, simplemente disfrutar. En cuanto salgáis de aquí tenéis el paseo marítimo, y sin daros cuenta os plantáis en Barcelona.

—¿Cómo vamos de tiempo?

—Súper bien, son las 21:00 h, así que no te preocupes por eso. Hidrátate bien y ahora salís cuando estéis preparados.

Saber que tenemos dos horas y media para completar los últimos 11 kilómetros es algo que me quita mucha presión. Pienso que aun haciéndolos caminando, llegaríamos puntuales a esa meta establecida en el puerto de Barcelona. Este pensamiento se traduce en más minutos sentado en el banco, ahora junto a Raúl y un buen grupo de amigos más. Entre ellos Javi, que me ofrece unos dátiles que son incapaz de comer. Sigo con el estómago revuelto, y eso me está provocando un malestar interior que empieza a aislar mi cabeza de todo lo que sucede alrededor. Inmerso en mi mundo, mirándolo todo y a la vez sin ver nada. Llevamos cuarenta minutos parados, con la misma ropa sudada de todo el día y bebiendo agua, que es lo único que me entra en el cuerpo.

—Me estoy mareando un poco —comento con una voz quebradiza.

Automáticamente mi cara empieza a perder color de forma drástica, hasta dejarme un rostro pálido que alarma al resto de acompañantes. Rápidamente me cogen para tumbarme en el banco y… silencio. No veo nada. Tampoco escucho nada.

He perdido el conocimiento y me encuentro totalmente ausente, con los ojos en blanco y sin responder a estímulos. Alma ausente. Y mientras un servidor se encuentra en otra dimensión, abstraído de todo, la preocupación se vive en el paseo de Badalona.

—Que alguien llame a una ambulancia rápido —grita mi hermana Ana.

—Ahí al otro lado de la vía del tren hay una ambulancia —señala mi amiga Miriam.

Mi hermana sale rápidamente junto a mi amigo Héctor en busca de esa ambulancia que se encuentra estacionada a escasos doscientos metros, con motivo de la carrera que aquí se celebra hoy. Bendita suerte la mía. ¿Casualidad o causalidad? No lo sé, pero ahora mismo todos damos las gracias de tener ese vehículo de emergencia tan cerca.

—Vamos a tumbarlo en el suelo mejor —dice Jordi para que alguien le ayude.

—Que alguien le de aire mientras aguanto sus piernas en alto —dice Isidro mientras las eleva.

—¡Dejad un poco de espacio! Que pueda respirar bien —exclama mi compañero Carlos para evitar que la gente se aglomere encima mío.

Mientras permanezco inmóvil con los pies en alto, Alicia ha conseguido un trozo de cartón con el que abanicarme, y a escasos segundos, aparece José corriendo con un sobre de azúcar en la mano, que ha conseguido en el primer bar que ha encontrado.

Y de repente, voces en mi cabeza. Empiezo a escuchar ruido a mi alrededor, pero sigo en mitad de una oscuridad inquietante. Es como si todo estuviera siendo un sueño, o más bien una pesadilla.

—Sergio, despierta, ¿me oyes? —reconozco la voz de José.

—Estamos aquí a tu lado, estate tranquilo —reconozco a Raúl.

Poco a poco empiezo a reconocer las voces de quienes permanecen a mi lado, pero sin llegar a entender que está sucediendo. Quiero comunicarme pero no puedo, como si mi cuerpo no fuera mi cuerpo, y solo siento que mi respiración se va agitando. Siento como hay una mano que agarra la mía, y eso me transmite mucha paz.

Y lágrimas. Vuelven a mi cabeza todos los recuerdos e imágenes del reto, y empiezo a entender que algo no ha ido bien. Lloro de impotencia, sin ni siquiera haber abierto aún los ojos.

—No llores, está todo bien —me susurra mi hermana.

No puedo dejar de hacerlo, y finalmente empieza a penetrar un hilo de luz en mi retina. A medida que voy ganando nitidez visual puedo ver a Raúl a mi lado, que es quien lleva rato cogiéndome de la mano.

—Perdóname, hermano —balbuceo entre lágrimas.

—No pidas perdón por nada, estamos aquí contigo y no pasa nada —me contesta también entre lloros, sin soltarme la mano.

En ese momento llega la ambulancia y aparece el médico:

—¿Qué ha pasado, Sergio?

—Llevamos 110 kilómetros corriendo y le ha dado un bajón hace nada, y se ha desmayado —contesta Raúl.

—Bueno, quédate tumbado y respira tranquilamente, vamos a examinarte un poco.

Permanezco en reposo, respaldado por toda mi gente, que todavía sigue con el susto metido en el cuerpo. Me siento fatal por haber causado esta situación de angustia. No quiero imaginar qué hubiese pasado si no fuera tan bien acompañado, si este reto lo hubiese afrontado en solitario y me hubiera dado la lipotimia en algún lugar perdido. Mejor no pensarlo y no tentar a la suerte. Nunca sabes cuándo se puede dar una situación de emergencia cuando sometes al cuerpo a un ejercicio extremo, así que cuenta siempre con un equipo de asistencia en el que poder confiar.

—¿Cómo te encuentras? —me pregunta el médico.

—Ya mejor, más tranquilo —contesto mucho más calmado.

—Ahora nos vamos a incorporar muy lentamente, ¿de acuerdo? —me dice mientras me coge de la mano.

Una vez sentado, volteo mi cabeza a ambos lados y sigo viendo la misma gente de antes. Voy cruzando miradas que me devuelven sonrisas y gestos de «todo está bien, no te preocupes»... Pero mi única preocupación sigue siendo el reto.

—Ya se me ha pasado, quiero continuar hasta Barcelona —le digo al médico.

—Tú espérate que no hay prisa, que te examinen lo que haga falta y no pienses en el reto —me dice Raúl.

—Sergio, lo que te ha pasado puede ser solo un aviso y volverte a suceder con peores consecuencias en los próximos kilómetros. Lo mejor es que te vengas al hospital con nosotros, te hagamos un chequeo y si todo está bien, te damos el alta al momento —me dice el médico.

Ante todo está la salud, eso lo sabemos todos, deberíamos saberlo. Pero en esta situación, todos mis sentimientos son de rabia e impotencia por pensar en el fracaso y creer que la causa solidaria quedará incompleta, al no poder llegar a Barcelona a la hora prevista para entregar el cheque. Además, tras un chute de azúcar, vuelvo a encontrarme bien de nuevo, y estoy firmemente convencido de que solo ha sido un bajón provocado por el cansancio, el frío y la parada excesivamente larga en Badalona.

El médico me invita a acompañarle un momento a la ambulancia. Una vez dentro me siento y charlamos a solas.

—Buena paliza la que os habéis metido hoy, ¿verdad? —me dice.

—Sí, desde las 4:30 a.m. que hemos salido de Palamós corriendo —le contesto.

—Lo sé, llevo todo el día siguiéndoos por redes sociales. También soy corredor, y me parece muy bonito lo que os habéis propuesto y el motivo que hay detrás —me confiesa.

—¿En serio? Puedes imaginarte cómo me encuentro entonces, después de casi diecisiete horas, tener que abandonar ahora —le digo de corazón.

—Perfectamente. Pero el trabajo que teníais que hacer por la enfermedad, ya está más que hecho. No tienes que demostrar a nadie que eres capaz de correr 121 kilómetros. Qué más da 110 que 121. El hecho de proponerse semejante reto solidario ya dice mucho de vosotros. Tienes un corazón enorme, pero ahora mismo lo tienes muy frágil, y no vale la pena jugársela. Vamos al hospital y confirmamos que tu motor está bien, ¿te parece? —me dice mientras posa su mano en mi hombro.

—Vale, ¿puedo hablar antes con mi compañero Raúl? —le pregunto.

—Claro, ahora le llamo —me contesta.

En este momento, estando ya en frío y tras la palabras del médico, me siento muy gilipollas. Gilipollas por haberme planteado continuar después de lo ocurrido, anteponiendo el reto a mi salud. Nunca más. Como bien ha dicho el chico, el objetivo está más que cumplido después de casi diecisiete horas portando los colores de la fibromialgia por toda la costa y creando una repercusión a nivel nacional. Hemos conseguido recaudar dinero para donar y dar voz a una enfermedad que pide comprensión a gritos. ¿De verdad iba a cambiar algo el hacer 11 kilómetros más? Nunca toméis decisiones en caliente, y menos después de despertar de una lipotimia. Menuda idea de bombero, chavalín.

—¿Cómo estás tío? —me pregunta Raúl, que aparece por la puerta.

—Bien, bastante mejor. Ahora me llevan al hospital para hacerme un chequeo.

—Perfecto, te va a acompañar tu hermana en la ambulancia, y nosotros iremos en coche directamente al hospital.

—¿No quieres continuar el reto hasta Barcelona?

—No, yo quiero estar a tu lado. Empezamos juntos y acabaremos juntos. Hemos dicho a todo el mundo que continúe corriendo hacia Barcelona, que en cuanto te den el alta iremos para allí. Así que no te preocupes, todo irá bien.

Nos fundimos en un emotivo abrazo, de esos que son capaces de fusionar almas en los momentos más delicados. Nos despedimos, se cierra la puerta y empieza mi viaje hacia el hospital. Tras unos minutos llegamos y me asignan un box, en el que quedo en observación hasta nuevo aviso. Mi hermana a mi lado, y yo preguntándole todos los detalles de lo que ha sucedido. Aún sigo un poco en *shock*, no termino de asimilar todo lo que está pasando. Y en mi muñeca lucen ahora dos pulseras, la del reto solidario y la del hospital.

Suena el teléfono de mi hermana. Es nuestro padre, que vive en Zaragoza y lleva todo el día siguiendo mi aventura a través de lo que le cuenta mi hermana.

—Sí, ya estamos en el hospital. Se encuentra mejor, lo tengo aquí delante —le dice mi hermana por el móvil.

—¿Es papá? Pásamelo le digo mientras estiro el brazo para cogerlo..

—Hola hijo, ¿cómo te encuentras? —me pregunta mi padre.

—Un poco cansado papá, pero mejor. Ha sido un susto. Siento haberos hecho pasar este mal rato.

El pobre lleva años siguiéndome en todas las aventuras que pasan por mi cabeza, y aunque es el primero en apoyarme, sé que lo pasa mal y lo vive/sufre más que yo. Como cualquier padre o madre, vaya. Aunque poco a poco va asimilando y aceptando que su hijo es amante de los retos extremos, pero creo que jamás dejará de repetirme frases como:

«Tú no fuerces»
«Si te cansas, para»
«Tú tranquilo, a tu ritmo»
«Con mucha cabeza, sin excederte»

—No te preocupes hijo, ahora descansa y que te hagan todas las pruebas necesarias. Estoy muy orgulloso de ti, eres un gran ejemplo de constancia y superación, como persona y como atleta —me contesta.

Tal como termino la conversación, entra mi madre en el box con evidentes síntomas de preocupación. Tras unos minutos de conversación madre-hijo, consigo relajarla. Me encuentro tumbado en la cama, con las dos mujeres de mi vida, esperando que lleguen los resultados de las pruebas. No puedo estar mejor escoltado, y eso me tranquiliza. Pasan los minutos y seguimos sin noticias, hasta que el sueño y el cansancio me van venciendo poco a poco. Y silencio, de nuevo oscuridad.

Tras más de una hora de reposo, ajeno a todo lo que pudiera ocurrir en ese hospital, me despiertan para comunicarme que todo está correcto y que me van a dar el alta esa misma noche. Buenas noticias. Mi preocupación ahora es saber qué hora es y saber si puedo llegar a la entrega del cheque donativo en el puerto de Barcelona. Me dice mi hermana que la carrera que allí se celebra ya está finalizando, pero que nos espera allí toda la organización lo que haga falta para hacer la entrega tal y como estaba prevista a la Asociación Catalana de Afectados y Afectadas de Fibromialgia.

Llega el momento más esperado, me dan el alta. Abandonamos el edificio y cruzo los dedos para no tener que visitarlo en mucho tiempo. Salgo por la puerta y tal y como me había prometido Raúl, ahí está en compañía de parte del equipo esperándome. Me fundo en un abrazo de agradecimiento con todos ellos.

—¿Cómo estás hermano? —me pregunta Raúl.

—Ya perfecto, he dormido y todo ahí, como un bebé —le contesto con una sonrisa.

—Qué cabrón, yo estoy que me caigo —bromea conmigo.

—Muchas gracias por esperarme, de verdad.

—No tienes que darlas. Todos hubiéramos hecho lo mismo por cualquiera de nosotros.

—Y que sepas que esto lo volveremos a intentar, sin cometer los fallos que hemos cometido.

—Claro que sí, de todo se aprende. Ahora súbete al coche, que nos vamos al puerto.

—¿Pero aún hay gente allí?

—Está todo el mundo allí esperando.

—¿Cómo todo el mundo?

—Lo que oyes.

—Pero si han pasado casi tres horas.

—Y lo que hubiese hecho falta. Somos una familia con un mismo objetivo.

Montado en el coche, dirección Barcelona. Suena la música en la radio y pierdo la mirada en la ventanilla, mientras reflexiono sobre esos errores que le comentaba a Raúl.

«¿Y si hubiéramos hecho una parada corta en Badalona y hubiéramos continuado? ¿Y si no me hubiera encontrado mal del estómago y hubiera comido y bebido en condiciones? ¿Y si me hubiera cambiado de ropa y abrigado bien? ¿Y si ...?». Demasiadas preguntas sin respuesta.

Vuelvo a mirar mi muñeca. Ahí sigue la pulsera del hospital. La arranco y la guardo en el bolsillo. Hoy he crecido como *ultrarunner*, he cometido errores que me han hecho descarrilar cuando ya casi estaba llegando a la estación de destino y de los que debo aprender para que no se repitan. Tras la caída de hoy, la única opción que considero es la de sacudirme el polvo y volver a ponerme en pie, con la mirada puesta en futuras metas. Me costará unos días asumir el abandono del reto, pero creo en mí y tengo una fuerza interior que me hace sentir invencible. Hoy el dolor casi me deja en la cama —como un afectado de fibromialgia—, pero las ganas de luchar y un apoyo incondicional por parte de mi gente, han sido los detonantes para que me vuelva a calzar de las zapatillas, aunque hoy ya no sea para correr.

El coche se detiene junto al puerto, bajamos y cogido del hombro con Raúl, nos acercamos a la zona de la carrera. Veo luces, un gran escenario y mucha gente. La megafonía empieza a sonar, avisando de nuestra presencia a medida que nos acercamos, y resuenan los aplausos junto al monumento de Colón. Empiezo a reconocer las caras que hacía unas horas había dejado en Badalona, y que a pesar de la espera, han aguantado el tipo ante el frío para estar presentes en este final. Doy las gracias a uno por uno. No hay palabras para expresar lo arropado que me siento y dejo que fluyan los sentimientos hacia fuera. También han venido a recibirnos algunos afectados de fibromialgia, con los que intercambiamos abrazos sinceros. En ese momento se me acerca una mujer muy emocionada:

—Muchas gracias por lo que habéis hecho. Mi hija os sigue en Instagram y me ha estado enseñando todo el día vuestro reto. Me parece increíble y muy bonito que gente joven como vosotros, que no sufrís la enfermedad, tengáis esa capacidad de compromiso para hacerla más visible.

—Gracias, pero no hay que darlas, lo hacemos de corazón. Sabemos que es muy complicado conseguir grandes presupuestos para investigación y tratamiento, pero a través del deporte intentamos aportar optimismo, comprensión y ganas de superación, a la vez que mostramos los síntomas de esta enfermedad.

—Enhorabuena, de verdad.

Me abrazo con ella y puedo sentir ese agradecimiento. Es realmente admirable la fuerza de voluntad que tienen los afectados de enfermedades crónicas para seguir adelante y convivir con ello. Ellos son los auténticos héroes, ejemplos de superación.

Subo al escenario junto a Raúl, y desde ahí, hacemos un llamamiento a todo el equipo de asistencia que ha dado la cara durante horas y horas sin descanso, preparando con mimo cada avituallamiento, facilitándonos todo lo necesario en cada momento y cuidándonos en cada kilómetro del camino. Sube también el presidente de la Asociación Catalana de Afectados y Afectadas de Fibromialgia y otros Síndromes de Sensibilización Central, al cual le hacemos entrega de un cheque donativo por valor de 1.210 euros. Es una aportación simbólica con lo recaudado en este reto solidario, un pequeño grano de arena en un desierto que aún está por construir.

Se apagan las luces y esta aventura llega a su fin. Raúl y yo mañana nos levantaremos con unas agujetas que poco a poco irán desapareciendo, hasta dar paso a nuevos retos. Mientras tanto, todos los afectados y afectadas de fibromialgia seguirán luchando día a día con esa fatiga crónica que intentará tumbarlos de nuevo. Por ello, desde aquí les mando toda mi fuerza para que conviertan sus días de «todo me puede» por «puedo con todo». No estáis solos.

Y ahora dime, tú que estás leyendo esto y tienes todas las herramientas para salir a comerte el mundo, ¿cuál es tu excusa para no luchar por tus sueños? ¡ACTÚA!

A mis padres, que tiemblan cada vez que les cuento que tengo un nuevo reto entre manos.

A mi hermana, que está siguiendo mi estela en busca de sus límites.

A mis amigos, los de verdad, por no fallarme nunca.

A todos los afectados por alguna enfermedad que no dejan que el dolor tome el control de sus vidas. Fuerza con esa lucha.

A mi editorial, por dar forma física a una historia que pedía a gritos ser contada.

Y a todos mis leones, cómplices de cada aventura que sello en mi historial.